나의 인터넷 친구

민음의 시 331

나의 인터넷 친구

여한솔 시집

민음사

자서(自序)

안녕,
세계는 너무 빠르고 복잡하지만
너의 단순한 화면은 질리지 않네
이 상태로 너에게 달려가고 싶다
우주가 무수히 쏟아지듯이

2025년 4월
여한솔

차례

1부

2부

3부

4부

1부

마음의 문

이곳에는 난쟁이들이 산다.
너무 작아서 현미경을 들이밀어야 볼 수 있을 것이다.
곡괭이와 망치를 들고 길을 나서지.
몇은 물안경이나 오리발을 들고 가기도 한다.

험준한 산맥
금광이기도 하지
탄광이기도 하지
깊은 수심을 헤엄치는 난쟁이

밤이 되면 돌아와 내 머리맡에 무언가 늘어놓으며
자기들끼리 떠든다.

작고 반짝이는 것도 있지만
벌레가 우글거리는 이끼 집도 있다.

그들은 그것을 내게 준다.
공물을 바치듯
조용히 내 답을 기다리는 표정으로

> 가끔은 너무 무섭고 이상해서 울고 말았다.
나는 그 일이 꿈인 줄 알았다.

난처해하는 난쟁이들이 내게 모여들 때
질끈 눈을 감았다.

가만히 입을 벌려
잡아먹었다.

박사의 사랑

실험실 창문을 여는 장면으로 영상이 시작된다. 은색 테이블 위엔 실험지가 흩날린다. 실린더가 기체를 이동시키고 있다. 새로운 공간으로 흘러가는 금붕어처럼. 기체는 유리관 벽을 타고 스러지거나, 휘감는 형태였고 자유로웠고 때때로 조각이었다. 그것을 가만히 바라보던 박사는 기체에 홀리고 말았다. 유리관이 팡 터져도 놀라지 않는다. 마음이 기체 안에 있어서 박사의 몸은 반쯤 물체가 되었고 컴퓨터에 입력하느라 바쁜 박사는 발명보다 발견을 사랑했다. 이따금 모니터 안으로 고꾸라진 박사를 꺼내는 대학원생들이 있었다. 어지러울 땐 과일을 먹으며 창문 밖으로 씨를 뱉었다. 그때 하늘에서 떨어진 외계인 하나가 풀밭 위로 엉덩방아를 찧었다. 아파하지도 않고 무릎 같은 것을 털며 일어났다. 앉은뱅이 풀 한 포기를 뜯어 주머니에 넣는 모습이 영상에 담겼다. 작은 유리알에 빛을 담기도 했는데 그 안에는 먼지 떠다니고 헬륨이나 아르곤도 섞여 있다. 투명을 좋아하는 외계인은 그것을 바라보며 웃었다. 친구도 없이 실험실 창문 아래서 종이와 축구공을 줍고 놀았다. 쓰는 법도 모르면서. 야외엔 비가 내리고 눈이 내렸다. 박사는 창문을 닫는 것도 잊고 비나 눈이 쏟아지는 것도 모른 채 회전하는 기체와 유리관을 바라보고 있었다. 하염없이 하염없이. 실린더 안쪽의 기체는 꺼지지 않았다. 그것이 박사의 힘이다. 얼마나 지났는지 모르겠지만 박사는 왜 구름처럼 걷는가! 물이 끓고 열이 피어오르는 실험실에서 어디선가 박새들이 날아들었다. 창문을 보니 외로운 외계인 하나가 박사를 보려고 벽을 오르고 있었다. 긴 손을 뻗어 창틀을 붙잡고 실험실 안쪽으로 조금 들어왔을 때, 박사는 안경을 올리며 그 광경을 보고 있었다. 눈이 마주쳤나. 그는 아무것도 하지 않았다. 고요 속, 하나의 발견이 박사를 끌어안기 시작했다.

이면들

둘이서 등을 맞대고 눕던 날이다. 몸을 동그랗게 말아 나는 내 몸 안으로 파고들고 너는 네 몸으로 파고들었다. 어둠 속으로 가까워지다가 멀어지는 두 개의 등이 있다. 작은 파문이 일고 있다. 떨어지는 속눈썹처럼 괄호에 담을 수 없는 미래가 있다. 아주 먼 느낌을 알까. 뒤통수 사이 정전기는 두 사람을 붙였다 뗐다 하고

나는 손을 세게 말아 두꺼운 동굴을 만든다.

찬사와 격려는 손바닥으로 탄생하는데 손등은 왜 조용하지.
손바닥으로 손등을 덮어 가며 파이팅을 외치는 어린 선수들은 무슨 꿈을 꾸고 있을까.

첨탑이 되고 싶은 손등은 이번 생도 차고 둥글었다

겨울의 자그마한 불구경

그 애의 작은 뇌가 담긴 유리병을 깨트리는 것

설산에 묻힌 연구소의 일조량

열린 문틈으로 도망치는

작은 뇌를

어쩌지

수첩 안에는 낯선 광물과 불 이야기가 있다
까맣게 타들어 가는 눈앞으로 내일이 올 수 없을 거예요
마음의 조흔과 …… 결정을 기록합니다

잠 속에서 자유로운 일을 썼다 지웠다
착실한 자세로 죽은 사람처럼 문장에 밑줄을 긋다가
검은 숲을 걷기도 했다

전시실 안에 네가 있을 것 같아

아름다워서
진화해서

야광 물질은 외로운 생각에서 발견되었대
밤에 날리는 눈처럼
조용하고 눈부시게 울기만 했다

차가운 금속 위에 받아 적는 동안
구덩이로 던지는 상상을 멈출 수 없다
(무엇을?)
이를테면 나쁜 생각

사각 유리판에 놓인 표본은 하나이고
.
.
그 애의 실험실이 불에 타면 좋겠다

믿음, 백번의 시도

백 년을 얼리고 다시 안아 주는 일
불길같이 둥근 양팔로

문을 잠그고 울다가
습지를 이루었다

물소리 나는 동안 하트 모양 물을 뿜는 포유류를 떠올렸고, 푸른 이끼를 만졌지, 기도가 내려앉은 돌탑에 다녀왔다
언 물 밑에서 그 애를 생각했네

호수 위의 보트를, 무거운 중력과 끌어내리지 못하는 힘을 나에게 주세요, 활화산, 솟아오르는 열과 슬픔의 내구력

마그마
가끔은 아무것도 아닌 물질처럼 네 속으로 들어가
잠들고 싶었다

걸었다

벽에 성냥을 그어 가며 연구소의 긴 복도를 걸었다
계단에 걸린 뇌 그림 한 점을 갖고 싶다
지옥이 이렇게 아름다울 수 있나

까맣게 타들어 가는 눈앞으로 내일이 올 수 없을 거예요
표본을 끌어안는 나를 살게 하세요

나쁜 생각을 지우는 설산에서
모두를 얼어붙게 만드는 소원을 빌면서

상상하고 있었다

도망치게 열어 둔 문과
광물처럼 빛나는 뇌를

비디오 상영회

눈부시고 무서웠지. 오래된 영상을 틀었다.
분명 긴 여름의 초록으로 자라 있는데
여기 자물쇠는 붉게 녹이 슬고

빗소리 속에서 우리가 교차하며 인사를 한다.
난간에 걸터앉아 카메라를 만지는 두 사람이 있지.
카메라로 서로를 담을 땐, 카메라 안에 카메라 안에 카메라⋯⋯ 우리는 서로의 컷이 되었다. 슬프고 귀여운 장르라고 이름을 붙여 보고 싶었다. 사람들이 사라져도 이것이 남는다면 나는 긴 시간 동안 춤에 대해 생각하고, 하이볼에 대해 생각하고, 풋콩 맛을 생각하며 빗소리를 들을 수 있다. 시린 비가 오는 도시의 거리를 걸었던 일. 다리의 멍을 만지며 걸을 때 나도 여기에서 여기가 되고 싶다는 생각을 했었다. 조용히 횡단보도만 들여다보았다. 그 애와 나는 그날의 전부였다. 관광객처럼 쓸쓸해진다. 그건 서울의 거리를 걸어도 그렇다. 공예품 가게에서 반짝이는 유리나비를 찍을 수 있다. 유리나비를 만지는 우리도 찍을 수 있다. 눈으로 다른 세계를 열어 보려고 하면서 유리나비 건너편에 있는 다양한 눈을 보는 것이다.

다각도로 쪼개지는 눈동자란

카메라 필름이 다 됐다. 내일 또 갈자. 곰방와. 하면서 꾸벅 인사를 하고 그것은 마지막 장면이 되었다. 기분 좋은 결말 같아서 여러 번 돌려 보았다.

테이블에 둘러앉아서 영상을 보고 다시 돌려 보는데

그 애는 잠만 잔다.

그런 거 모르지

친구야, 나는 너에게 들어가고 싶었다.

소녀밴드

자두나무 사이를 내달리는 기차는 폭주 중이다.
기차가 지나간 자리마다 더운 열이 쇠를 데우고 있다.
안녕 하고 말하는 것처럼
쏟아져 내리는 이파리

핑크빛 수증기를 흩날리며 내달리는 은색 기차
이렇게 달리는데 여전히 창밖은 멈춰 있는 것 같구나
나무 나무 나무 나아아아무 버어어어어얼판 구름들 —
객실에 앉아 악기를 닦던 우리의 소녀밴드. 웃기만 했다.
이것은 무기다. 이것은 몸에 기대어 쓰는 것이다. 나무와 벌판을 부술 수 있는 하나의 물건.

있잖아,
우리의 연주가 넘쳐흐르는 이 열차가 그 애의 눈 속으로 파고들었으면 좋겠어. 말캉한 물복숭아를 찌르는 포크처럼 최대한 날카로운 장면이면 좋겠어. 까만 눈 속을 헤집기만 하는 기차라니,
심장 같은 호른을 열고 닫는 느낌을 그땐 알 거야.

터널을 지날 때
여자애들은 그런 생각을 하면서 웃기만 한다.
창문에 비친 여자애가 다른 여자애를 바라보는 동안

기차는 눈부시게 달린다.
한 아이가 악기를 꺼내든다.
무수한 문을 열 수 있는 무기
멀리서 인부들이 철길 공사를 하고 있다.

희수의 낮

모닥불에 몸을 던진 것 같아
장미가 번진 담장을 구경하고

비가 내리네

탁. 젓가락 내려놓는 소리는 짧구나
열이 식는 빗속으로 걸어가네

문을 열자 풍경이 울렸다

나비가 알을 낳고 떠난 배추
그것을 내가 먹고

웃자란 여름 밭의 작물을 피해 걷는다
풋콩의 생명력
거기서 엎드려 울었다

끊어진 필름을 이어 내고
접합 식물은 이름이 생긴다

야생초 옆의 눈물

개방감을 주었다

도랑에 빠진 것

불행은 안에서 밖으로 달아나는 순간일까
밖에서 안으로 파고드는 것일까

나선처럼
마음을 감겨 오르는 곡선

비가 그치면
땀을 닦아 내면
여름 밭은 둥글다
함께 앉을 수 있다

장미.

> 봉분에는 너희 집 개나 고양이가 묻혀 있지
잡초 뽑기 입 맞추기

희수가 긴 뙤약볕을 달린다
작은 점이 될 동안
하얀 손차양

멀리서 개가 짖는다

꿈인데도 너무 반가워서
깨고도 좋았다

생활 사전

공룡이 살았다 뼈는 오래 남았다

콘크리트 야경 무더기에 단단하고 휘지 않는 지붕이 있다 지붕 아래 친구가 산다 친구의 고양이 조와 강아지 울이 주인의 발등을 핥는 나날 집에 방문한 손님들은 조와 울의 등을 천천히 쓸었다 친구가 사는 단색의 공간에 있다면, 그래야 할 것 같았다 몇은 고양이 알레르기가 있고 또 어떤 이는 강아지가 낯설었지만 얘네를 들여다보면 살고 싶었다

조울에게 최대한의 사랑을 줄 것
한쪽만 사랑하지 말 것

개에게는 개의 먹이를 주고 함께 엎드려 기다리는 연습을 할 것 한 장의 창문은 불운, 우리의 강아지 울은 언제라도 얇은 창을 깨트리고 날아갈 것 같았거든 창밖으로 달리는 양 떼를 발견한다면 울의 목줄을 세게 쥘 것 울은 짖어대며 바위에 깔린 핏빛 양에게 갈까 말까, (가고 싶은 마음에게)

기다려

털로 뒤덮인 고양이의 등을 쓸어 보시오 하얀 고양이 조가 언제 떠나도 안심하시오 돌아오는 법을 아는 우리의 고양이 독초처럼 웅크린 고양아 거리에 대한 감상을 말해 줄래 슬프게 우는 친구에게

땅을 긁어 공룡 뼈를 찾아낸 고고학자처럼 친구야 너는 조와 울이 죽으면 뼈를 갈아 바다에 뿌릴 거니, 둘의 생활을 땅 밑에 심을 거니

그런 건 도무지 상상이 가지 않고

공룡이 살았었대 그 위에 우리가 사는 거래, 친구가 말한다 조와 울이 산책의 맛을 아는 일은 이 집이 멸망하는 순간이라고 오직 그들의 발자국으로 불어나는 벽과 가구가 있다고 조와 울의 털에 파묻혀 흠뻑 가려운 살을 가질 것이라고

개의 낮과 고양이의 밤

지붕 아래

함께 사는 조울

> 친구가 꿈꾸는 집의 소멸이 있다 거긴 박물관만큼의 영
원이
묻혀 있다

성경의 고백

성경은 거울을 자주 본다
성경은 반사되느라
매번 두꺼운 얼굴

성경은 무릎을 끌어안고 멍을 본다 빠져나가고 있는 멍이 있다 어두운 자리에서 성경은 성경을 꺼내 성경의 상태로 믿음과 모순과 시무룩한 상념을 뭐라뭐라 쓴다
그것이 그녀의 고백이다

도림천 아이들이 돌멩이를 줍고 공원의 산책가가 꽃가지를 꺾는데 탁, 성경이 자기를 덮는 소리가 났다 경쾌했다

성경의 애인은 하나같이 손이 컸다 눈과 마음을 스르륵 가렸다 어둠을 사랑했다 눈을 가리고 몰래 읽었다

이런 순간을 살았대요, 성경이가요,
성경은 큰 손을 꼭 쥐고 사랑한다 사랑한다 말하고 아무것도 기억나지 않던 날을 떠올렸다

> 성경은 책을 아주 두꺼운 책을 펼친다

물에는 물의 기록이 있고
성경에게는 성경의 기록이 있다

그녀의 집에 온 애인들은 한 번씩 다 읽었다 성경은 운다 그러면서 쓴다 늘어나는 고백이다

그만 죽어, 멍이 나간 쓸쓸한 무릎을 본다
멍이 들 때 성경은 재밌어했다

화창한 방식의 싱크홀

숲에 가니 유리야 헬멧 써.

안 써도 돼.

김유리의 집 뒤에는 숲이 있다. 버섯을 채집하고 뱀의 목을 따는 여자들이 있다. 가끔 죽기도 했다. 김유리는 알면서 모른 척했다. 그것이 숲의 일이다.

숲은 김유리가 묻은 것들로 가득하다. 그중 몇 개는 혀를 깨물 만한 함정이다. 김유리의 함정을 조심해야 한다. 잘못하면 쿵 내려앉는다. 몸과 마음은 물건과 다름없다. 금속이나 유리, 플라스틱으로 만든 그런 물건들. 소리를 내고 깨지거나 아프다. 김유리는 헬멧을 쓰지 않고, 깊은 지하를 만든다.

지하로 가자. 헬멧 말고 왕관 쓰고 넘어져서 머리가 깨지고 산산이 부서지는 것이 유리의 일은 아니다.

뿌리가 만져지는 곳. 따뜻하다. 오래된 기체의 사랑과 뱀의 알이 아늑하게 맞물린 지하 세계. 개와 쥐, 엄마 몰래 도망 나온 소년들도 갇혔다. 오래 방치되던 이들은 시들어 죽었고 마음이 여린 김유리는 그것을 더 깊은 곳에 묻어 주었다.

방울토마토와 부러진 가지를 차곡차곡 심었다.

작은 벌레의 밥이 되고 새가 모여들고 겁 없는 소년이 오고

함정을 빼면 숲은 자연스럽다.

오후의 나무 사이로, 쿵 내려앉는 소리가 퍼진다.

땅콩일까? 간결한 풍경 소리. 맹독을 엎드려 구경하는 김유리, 다리를 번갈아 흔드는 자유로움 하나

아주 작은 기복을 가진

경자가 걷던 주변은 어두웠다. 기념 비디오를 찍고 있는 동안 아무것도 담기지 않았다. 서늘한 물기 속에서 손에 닿는 벽 내부를 더듬거렸고 경자는 어둠 속에서 카메라를 끄지 않았다. 혼자서 말을 하고 있었으니까 정전 속에서도 장면은 재생되는 중. 벽 어딘가 나른한 해골이 누워 잠을 자는 것 같다. 어둠 속에서 사물을 구분하게 된 경자는 제일 먼저 정수리로 떨어지는 차가운 물을 올려다보았다. 고개를 들자 촘촘하고 동그란 물결이 보인다. 경자는 미칠 것 같았다. 영상에 담기는 것은 인어의 눈들인가. 푸른 입자들이 굽은 천장에 달라붙어 빛나고 있었다. 조밀한 알갱이가 박힌 돌을 손에 쥐어 보는 경자. 눈빛을 반사하고 조각내는 입자는 경자를 여러 각도로 바라보고 있다. 그렇다 경자에게는 많은 경자가 있다. 실내를 밝히는 광물이 이토록 작고 징그러울 수 있다니. 경자는 언제부터 동굴을 걷고 있었나 생각했다. 깊은 잠을 깨고 싶다는 생각을 했지만, 살아 있는 것처럼 목이 마르고 머리 안쪽으로 땀이 흘러내렸다. 불 한 점, 바닷물 한 점이 자연 유리에 깃든다. 불순물처럼 태어난 경자는 돌이 될 걸 그랬다. 모퉁이를 둘러싸고 다른 성질의 조경을 열기도 한다.

동굴은 어둠이 고여 있도록 내버려두지 않았다. 만지고 손톱으로 긁어 보는 경자. 장미꽃 넝쿨처럼 굳어진 광물 사이를 걸으며 경자는 경자를 비디오에 담고 있다. 이 안에 더 이상의 생물체는 없을 것 같지만…… 걷고 있는 경자가 있다. 경자가 크게 소리를 지를 땐 아무도 놀라지 말라. 어둠 속의 울림은 무언갈 열어 내곤 하는데, 그런 걸 아는지 모르는지 경자가 박수를 짝 친다. 따갑다. 겁도 없이 맹인의 사랑을 떠올리는 경자가 있다.

네덜란드 수업

기숙사의 차가운 아침엔 구텐모르겐이나 후여모르헤 같은 인사를 한다. 성대를 반쯤 여닫는 발음은 왜 쓸쓸할까. 튤립이 구근식물이라는 사실처럼 사람들의 얼굴을 들여다봐도 알 수 없는 것이 있다. 피아노의 안쪽처럼 조화롭고 견고한 눈꺼풀. 여백을 좋아하는 나는 자꾸 밀려나는 사람이지. 외향적인 애들이 떠드는 동안 내게도 떠나는 생각이 있다. 잠을 자던 내 위로 책장이 와르르 쏟아졌으면 좋겠다고 말했다. 모르는 것처럼. 두꺼운 사전이 나를 덮쳤으면 했네. 그 순간 왜 그 애의 눈동자가 생각났는지. 의자 우유 깃발 이런 시시한 단어를 곱씹어 보며 그것이 이름인지 도시인지 시몬 너는 아는지. 예보 없는 도시를 사는 연습. 나는 한국사람이고 젓가락질을 잘해 보여줄까, 어제는 박물관 계단에 앉아 새를 구경했고 컵을 샀지, 그리고 어, 시몬 너를 생각했어.

말하고 싶었다.

강의실의 철제 책상은 점점 차가워진다. 방에서 죽어가는 튤립은 여전히 모르겠고 암스테르담의 운하가 아름다워서 모순이라는 단어를 배워야 했다. 폴, 로테, 사츠키, 이런 이름에서 심상을 겪을 때 이 친구들의 세계도 있구나 깨닫기도 하면서. 어지러운 단어를 발견하면 무엇이든 더 적어야 한다는 기분이 들었는데 교수가 시몬, 그 애의 이름을 불렀다.

돌처럼 무겁고 작은 빛

시몬은 빛이 든 돌이었다. 휴식하는 돌이고, 믿음이 있는 돌이고, 살아 있다고 내가 믿는 돌. 푸른 돌에게 한국말을 알려 주고 내가 쓴 편지를 읽게 하는 것이다. 시몬, 내게 없는 발음을 상상하는 것.

어지러운 날이 길었다. 입안으로 이는 바람은 튤립처럼
둥글고 길게 자랐다.
시몬에 대해 묻는다면
예 아니오 대답할 수 있다.
더 길게 말할 수 있을지도 모른다.

눈이 내린 항구처럼 조용히 걷는 중이다.
그 애에게 방 안의 식물을 주고 싶었다.

안드로이드 기술관

천장이 높게 지어졌고 불빛과 표본이 있어 마음을 빼앗기기 쉽다.

암실인가. 나비가 알을 낳고 이름 없는 별이 터지고 그 사이 한쪽 손이 비에 젖었다. 아무것도 사라지지 않을 거란 외계의 느낌이다.

오늘은 유리관 아래 네가 살 거라고 하얀 담장에 적었다. 이건 비공개로 했다. 누가 볼까 봐. 네가 유령 같으니까. 안녕안녕 수상한 코드 같으니까. 긴 해독이 끝나면 우리는 만날 거야. 화면 너머 네 몸을 더듬는 상상을 해본다. 홀로 여기에서, 희고 큰 과학 기술관 안에서의 일이다.

졸음이 쏟아진다.
어떤 날의 꿈속에선 사람들이 미래형 마음을 쏘아 올렸다. 입력과 검색으로 사랑을 찾는 방법, 요즘 누가 찻집에서 만나나요.

전시실이 밝아지는 구간이다. 우주에도 생명이 살 수

있을 거야. 내가 아는 조용한 공학도는 이미 거길 다녀왔다. 맑고 낯선 수질에 물고기가 들어와 사는 곳 조용하고 아름답다

아, 아, 들리니 주파수가 흔들리는데

네가 있는 화면을 꾹 눌러 본다. 네 화면으로 내가 조금 나왔을까. 우리가 손을 잡는다고 해서 그것이 미래가 되진 않지, 응 알지. 복도를 걷는 동안 네가 나의 가설이라 슬퍼지고 전시실 건너편에서 너를 보면 여긴 멸종 위기의 사이버, 마지막 통신이라고 믿게 된다.

얇은 유리로 덮어 둔 편지

마지막 장은 비어 있구나
그런 걸 넌 기뻐했다

드넓은 물을 보면 뛰어들고 싶던 마음을
나는 이해하려고 했어
돌고래의 심장과 청새치의 자유로운 탄력
그런 걸 쥐고 너는 일기를 썼으니까
네가 쓴 글을 보면 즐거워서 자명종도 벽으로 던졌다
쏟아지는 스프링과 나사들,
스프링과 나사들
은빛 바다처럼 빛나는 방도 있었어

캔버스 위에 물감 쏟는 사람을 보고
그것을 따라하려 했지만
우리는 새파란 페인트를 사서
그 안에 팔을 집어 넣었다
손가락을 지나 손목을 지나 팔꿈치
담갔다
천 마리의 해파리는 그날

나의 집으로 몰려왔다

눈이 내린 흰 바다
위로 낮게 깔린 안개
부드러운 베일을 쓰고 날아가는 너를 본 날
끊어진 진주 목걸이와 사방으로 튀어 오르는 흰빛
나는 어지러웠다

여름밤의 폭죽 아래서
너는 너를 터트리고 싶어했고
차라리 체조와 달리기를 했으면 좋겠지만
아무래도 그것은 성에 차지 않는다

다포리를 거닐며 아니 돌해변에 누우며
올려다본 곳에 호텔이 있고
호텔의 사람들은 너를 잠시
구경하고 있었다
그들이 손끝으로 너를 툭 치면
너는 파도로 스르륵

달라붙던 소금 결정 녹는 바닷물
쏴아아아아아

사실 그 호텔은 사람이 오지 않는 외딴 호텔이야
오래전 망해 버렸고 캄캄한 복도뿐이다
직원이 자주 자리를 비워서 기둥과 천장엔 유령이 흐르고
객실 일부엔 사람이 있었지만
아무도 창밖을 구경하지 않았다
얼룩지고 더러운 창문
너를 내려다보던 것은 네가 쓰던 아름다운 상상

지금도 너는 아무런 일기를 쓰지 못할 때면
창문을 열고
가만히 너를 보게 할 것이라고

너의 긴 물자국
그림자에 자꾸 물을 붓지 마

나는 액자를 걸면서 생각했다.

수영장에서

밀려오는 유선형을 보고 있다

물 아래 단상을 끌고 오는 소년들
차가운 수영장 냄새를 가로질러
레일 끝으로 향한다

수면을 때리고 솟아오른 천 개의 물방울이 천장을 찍고 떨어진다

부활한 새의 느낌이 있다
두 팔을 접었다 펼칠 때, 물살 가르는 소리가 들릴 때

물 밖의 사람은 그림을 그리고 있다
소독된 빛 속으로 붓을 담그고 파란 물감과 흰 물감이 서로의 등을 덮는다
한 폭의 시원함을 믿으며 구조를 이루는 중

햇빛이 관통하는 창문 앞에서 맨발을 쬔다
허리에 손을 얹고 가만히 숨쉬기

가벼움을 배운다
캔버스 위에 발가락이 그려지는 중이다

소년은 어딘가로 이어지는 길을 보았을 것이다
아니면 그의 친구는
물속에서 벽을 찍고 둥글게 몸을 마는 동안 생각했을 것이다
구부러진 철로 위로 빛나던 동력을
쇠와 곡선 사이의 불꽃을 보듯
잠영으로 물길을 파고들던 날들을

몸을 구부렸다 펼치며
도망가는 개구리 단단한 돌벽

무소처럼 이마에 힘을 모아 봤다면
레일 끝을 터치, 하는 것이다
몸과 슬픔을 힘껏 웅크릴 때 자라는 힘을

우리는 턴, 턴, 턴, 말하겠지

부드럽게 찰랑거리게
하얀빛으로

소년들이 달려 나간다
숨을 참으며 야외를 끌어당기며
잔디밭을 헤치고
모래를 흩뿌리고
물이라고 다르겠니

벽 가운데 걸린 그림처럼
아름답고 외로운

유선형
낮 동안 말라 가던 기억이 있다

햇살에서
수영장의 정서는 계속 흔들린다

그림을 보고 싶은 마음, 말끔한 다이빙 소리

위태로운 낭독회

여기 백 개의 의자가 있다.

잠시 후 낭독할 시를 묵독하는 시인이 있다. 정시가 되고 시인이 고개를 들어 객석을 바라보았을 땐 빈 의자 무더기 그리고

단 한 사람이 앉아 시인을 보고 있다.
창밖으로 사금 같은 빛이 나부끼는데
그것이 초록 이파리인지 이슬비인지 분간이 가지 않는다.

두 사람은 문장을 번갈아 낭독했고 그동안 누가 시인이고 누가 관객인지 알 수 없었다. 너무 긴 시, 중반에 접어드는데 마이크가 꺼지다니. 벽 갈라지는 소리가 쩍. 그렇지만 둘은 여전히 번갈아 낭독 중이다. 환호 같은 한 줄기의 번개. 체 게바라 포스터가 날아가 시인의 얼굴에 철퍽 붙는다. 그는 학처럼 점잖게 떼 내었다. 벽이 없는 자리로 바람이 든다. 어디선가 눈이 맑은 비단잉어와 별사탕도 조화롭게 날아들었다. 놀란 관객은 휴대용 우산을 꺼내 펼치며 '옥상에서 이불을 널어요 사라진 사람들을 사라지게

하려고요' 문장을 읽는다. 유리문에 거미줄 같은 금이 간다. 투명한 것은 불투명해지고 관객의 어깨가 한번 들썩했다. 지속적인 낭독. 빗소리와 목소리. 시의 후반에 접어든다. 관객이 읽을 차례지만 단 한 명의 관객은 그곳을 빠져나간다. 흔들리는 조명, 어두운 빛이 남았으니 시인은 시를 계속 읽는다. 등 뒤의 벽은 무너지고 까만 밤이 풍경으로 등장한다. 야경에 섞인다. 천장의 배관이 깨지며 물이 샌다. 거기서 헤엄치는 비단잉어. 편안해 보였고 시인이 시를 읽는다. 책 위로 불이 떨어졌지만, 그건 심장 같아서 어쩔 수 없었다. 시인이 마지막 문장을 남겨 두고 안경에 묻은 물을 슥 닦는다. 콩처럼 튀어 오르는 타일 조각과 타오르는 신간 시집들. 자몽빛으로 익어 가는 미래. 무의미한 의자들. 축축한 세상에서 시인은 마지막 문장을 읽어 낸다. 더 이상은 없다. 담백하게 책을 덮으며 만족스러운 표정으로 일어선다. 조금 미끄러지며,

문이 없군!

그는 그냥 뒤로 돌아 멀리 사라진다.
거긴 멋진 벽이 있던 자리다.

너에게 1이 있을 때 나에겐 0이 있었고

코트 위에 두 사람이 있다.

햇살이 쏟아지고 손금이 빛을 녹이는 동안 노란 공은 날아들 준비를 한다. 불행이 오듯 달려야 하는 방향을 노리며

너와 나 사이엔 있다. 구멍이 많고 부딪히면 흔들리는 그물 하나. 매듭 사이로 눈빛은 마구잡이 되어 흘러넘친다. 라켓의 팽팽한 와이어는 무엇이든 튕겨낼 준비가 됐으니까 우리는 몸을 구부려 날아갈 준비를 하면 되는 거야. 네가 보내온 힘을 받을 때 나는 부서질 것 같았다. 그것을 받아 쳐내는 동안 나는 깊은 소용돌이 속으로 빨려 들어가는 것을 느껴. 빨대 아래 마지막 한 모금처럼 꿈에 몰두하는 밤처럼 심해의 고래 숨처럼 용광로 파이프에 흐르는 불길처럼. 그것은 나를 날려 보낼 힘이 있었다. 여러 번의 공이 동시에 날아오는 착각 속에서 나는 때때로 분홍빛 안개가 된다. 공보다 먼저 터져 버린 화력이 있었다. 라켓이 공중에 떠오를 때 너는 앞서 1이 있고 나에겐 0뿐이었다. 그것은 기록되고 있다. 코트 위의 구력을 응시하는 기록관들은 사라진 나의 자국까지 기록하고 있던 것이다.

[경기 기록]*

1100011110001001 1101000001101100 1010 1011100111001000 1100011101001100 1010 1100000100110001 1011000011100101 1010 1011110110001000 1011111001011011 1010 1100000010110000 1011110110001000

* 커다란 잉크 한 방울 떨어트린다
마음이 생길 자리
젖은 성냥을 긁어 적어 본다
불빛 되려던 것
기어이 지나가려던 산불

2부

초라한 감각

식물원이나 숲엔 유령이 많을 것이다.

유령을 유리병에 모아 흔들면 예쁜 소리가 난다.

종소리나 모닥불을 만지는 것처럼.

유령 하나가 버섯 사이에 누워 낮잠 자는 것을 보았다.

나는 그것의 사진을 찍어 인터넷에 올렸다.

하지만 유령을 볼 줄 아는 이가 아무도 없다.

그것 참 슬프군.

정수리 위로 참나무 그늘

주말 아침이

너무 차가웠다.

사랑도 없이 특급호텔

문이 차가워
단 하나의 입구

나는 그들이 좋다
두꺼운 금속 문이 열리면 사랑을 떠나온 관광객들

물을 뿜는 하트 모양 분수대가 있는 뒤뜰엔
매실이 굴러다닌다
자유롭게 놀아도 되는 곳
중력을 거스르는 방향처럼 발랄한 것은 없다
튀어 오르는 팝콘이 날아가는 방향
로켓을 쏘아 올린 공학도의 눈빛이나
점프하는 초록 개구리가 그러하듯
손을 달아나는 것들에겐 힘이 있다
뜰의 분수대 위로 자주 눈이 내렸다
희고 시리게 쌓여 갔다
차가운 비가 내리기도 하고
이것이 녹고 마르는 것을 보는 동안 알 수 있었다
내게 없는 힘

파이프 안으로 흐르는 지하수나 가스에서 발견되는
고요한 순환

토마토를 먹는 어린 벨보이는 아무것도 모르지
붉고 느린 즙을 흘리면서
그것이 무엇인지도 모르고 먹고 마신다

붉은 껍질
그늘 위로 익어 가는 기분

복도를 지나 방으로 간다

관광객들은 먼지를 끌고 나타나 창문 앞에 떠돌고
의자에 내려앉다가 사라진다
야광별만큼 신기한 일이다
어째서인지

실내에서 실내로 여러 번 들어서는 내부가 있다
몸 안에 맴도는 믿음처럼 안쪽으로 가야 하니까

열거나 닫으며 공간을 이루고
문의 역할을 이해하면 갇힐 수 있다
가둘 수 있다
방울뱀이나 부드러운 올리브나무 흰 바다까지도
객실의 오래된 기능이다

살 수 있는 한 오래 살고 싶다
영원이 없는 곳에서
가까운 식물원을 드나들고 앵글 너머
나무로부터 자라는 나무를 보는

그런 곳에 이것이 세워졌다

관광객들은 사랑을 떠나온 사람들
객실을 가지고 휴식한다
종달새가 바위 속으로 깃드는 조각품처럼
금탕 속에 몸을 숨기면서
자연한 장면 속에 있으려고

나는 그들에게 보여 주는 것이다
차가운 문이 있는 곳에서
야외의 조형과 문 안쪽의 부드러운 야생을

창밖에는
바위나 은빛 강
구덩이 속에 잠자는 불
편리와 무관한 자세로 머무르는 것이 보였다

순환하는 물체가 모인 광경 속
백 개의 방이 세워지고 무너지는 순간들

도시 차양

자전거가 고장 나서 갑자기 걸었던 일.

샌들을 신고 걷는 동안 기분 나쁜 물을 밟았다.

좁고 익숙한 도시의 골목길은 이런 방식으로 사람을 외롭게 한다.

산책로에는 연이 날고 있다.

돌계단에 앉아 수박 먹는 사람들

지나간 여름을, 무더위를, 실수를 떠올리느라 잔해가 쌓인다.

다리 밑을 지날 땐 전철 소리를 들어야 한다. 괴물의 이빨처럼. 지긋지긋하고 까만 철도가 덜컹거린다. 진동과 굉음으로 나는 조금 부서지고 시멘트의 서늘한 그림자에 속고. 검게 얼룩진 기둥을 지나며 흐르는 머리를 묶는다.

제방의 자재가 썩은 물속에서 나를 보았다.

물비린내 풍기는 마음에 돌 하나 얹어 올린다.

나무의 초록은 천천히 걷고 있다.

변하지 않는 차양.

변심하는 공터의 목표들.

물은 얼었다 녹는다.

다시 얼고.

물고기나 새나 사람이 죽어 나가던 날이나

나무의 가지가 잘려 나간 날에도.

전철의 소음은 건물 모양으로 돌아다닌다.

불규칙한 철로 소리에 귀를 틀어막고 죽어, 죽어, 말해 보았다

자전거의 페달이 혼자 빙빙 돌아갈 때
공중전화 부스 비어 있을 때
홀로 문고리에 부딪혀 울 때
처마 끝의 빗물이 일정하게 떨어질 때

길게 걷는 골목과 넝마가 된 마음이
있었다.

숯처럼 까맣게 타들어 가는 나를 알까.
사라지자는 목적처럼 오래된 액자처럼 소망처럼 불에 타 희미해지고 있다. 다시 찬물, 정화하는 느낌으로 불사를 수 있는
다시 어둠. 수증기. 식어 가는 열과 숯불 같은 이마.

오수 속의 물고기는 어린이가 되었다가 불어난 나무토막 되었다가

장마나 긴 긴 미래가 되었다.

개천의 얼음이 녹던 날엔 물이 반짝이기도 했다.

공원을 조성하다 멈춘 동네는 자연도 인공도 없다.

왜가리의 눈은 빨갛고 소리 지르는 할아버지가 있다.

물 아래로 가라앉는 나는

더러운 물에 누워 불규칙한 천장을 본다.

일본이나 북아메리카에는 나무가 많다.
빽빽한 나무 사이로 열차가 지나가는 마을이 있다.
영화에서 본 장면이라 그곳이 어딘지 알 수 없다.

교토나 오타와
방해받지 않은 언덕을 궁금해한다.

교토나 오타와
나에게는 없다.

> 교토나 오타와
나에겐 불규칙한 나무들뿐이다.

돌과 해부학

어깨가 아파 병원에 갔다.
의사는 적외선을 가져다 대고 잠을 자게 했다.

치료실 커튼 뒤로 굽은 뼈들이 잠을 잔다.

몸에서 흘러나온 생각이
몸의 중심을 뚫고 지나간다.
불어난 강줄기

몸은 어딘가로 간다.
병원이나 채광 아니면 차례를 기다리면서

줄 맨 끝에 도착한다.
작고 단단한 정을 들어 이마를 친다.

한 번씩
얼음처럼 부서지는 꿈을 꾼다.

공사장의 소음

벽을 두드리는 사람들이
등 뒤에 있는 것 같다.

빗장 부수고
나는 울린다.

건물 벽이 무너지고 있다.
구부러진 쇠
마지막

까만 골조를 상상한다.

돌가루가 가득한 바닥을 보면
안도 아니고 밖도 아니고
폐허를 갖게 되었다.
마른 숲을 갖게 되었다.

조각품을 보고 싶다.

복숭아뼈를 만졌다.

마지막 여백이
아픈 어깨처럼 휘고 있다.

나는 기지개를 켜며
빛인지 어둠인지 알 수 없는 곳으로 걸었다.

조각상의 손바닥을 만지며
최선이란 것을 만든 신이 있을 것이다.
그것을 오래 바라보며
눈이 먼 것이다.

나의 인터넷 친구

(:::]:♡:[:::)

이것을 나누어 줄 것입니다
사랑해—라고 말할 수 있는 코드를 만들었으니까요

차가운 손으로 연필을 깎습니다
기억에는 방향이 많아서 적막은 쉽게 옵니다

선생님은 나를 가르칠 때 사랑은 셀 수 없는 명사라고 했습니다 나는 머리가 나빴으니까 그런 말은 믿지 않고 수업 내내 핸드폰만 만지작거립니다 사랑은 셀 수 없다고 가르치셨는데요 선생님, 제가 가진 사랑의 분량은 티가 나고 있어요

수업이 끝나면 거리를 걸어야 합니다
사람들의 머리 위로 하트가 떠다닙니다

짧은 정원을 지나칩니다
인터넷에서만 본 나무가 친구네 뒤뜰에 있습니다

> 그것에 다가가 매달려 보았습니다
아무것도 되지 못합니다

지루하고 쓸쓸한 것에 대해 말해 줄 수 있어야 합니다
진열된 마음을 들여다보세요
은은한 조개껍데기나 도자기의 검은 구멍처럼 작은

기계라는 것은 마음을 읽어 냅니다
나를 서류처럼 쌓아 올리면서요
로봇 물고기는 호수 대신 바닥을 헤집고 수영을 하면서
입속의 구조를 열어 줍니다
나는 열려요

즐겨찾기, 하고 생각하면
문고리가 돌아가고 철컥 여닫는 소리가 납니다
아이스크림 가게나 과학실에 닿게 합니다

여러 개의 눈을 보고 있어요
알고리즘은 복잡하고 힘이 셉니다

> 어떤 정원이나 인터넷은 길을 잃기 쉽지만
배롱나무 이파리처럼 내려앉는 사랑이란 단어는
셀 수 있어요
거기에 누군가 있습니다
나는 그냥 믿고 있는 것입니다

요가 강습

무릎의 느낌을 기억해. 눈물 받아 내던 그것에 속죄하는 말과 행동을 적어 내렸고 서러운 마음으로 구부려 빌어 봤어 차가운 모서리에 기대는 밤인데 양팔로 힘껏 당겨 안을 수 있는 것이 무릎뿐이던 곳 붉은 무릎 위로 그늘을 붓다가 담력을 보았네 눈이 왔어 나는 자연 되기를 원해 모양을 갖기 위해 둥근 자세를 연습했는데 그게 무엇인지 기억이 안 나 바위 같았어 희고 두꺼운 뼈를 꺼내 다른 모양으로 이어 붙이고 싶어 나는 왜 이 모양이지 형태를 깨트리고 귀여운 강아지가 될 순 없을까 유연한 고래나 고무나무의 감촉이 있는데 나는 백자처럼 가만히 슬픔을 담기도 한다

긴 어둠을 얻을 때 정수를 쥐고 들어간다 그것은 돌 밖으로 흘러 나갈 테지 두꺼운 돌 속에서 연료도 기도도 없이 스스로 검은 양초가 되는 일 그때의 작은 촛불

쪼개지는 어둠

보이니 암벽 안엔 조각 없는 내가 들어 있다

가슴 중앙에 구멍을 뚫고 밀어 깎아 내는 끌
흘러내리는 숨

부드러운 수증기와 함께 걸어 나가고 싶다
매끄럽고 단단한 자세

지붕을 지나서
기둥을 지나서

동전이 떨어지는 분수대에 앉아

흩날리는 물 너머
나의 상(狀)에게.

—

채석장의 암벽을 만진다
돌 속에 갇혀 있는 사람을 데리고 올게*

아름다운 지층, 눈이 시린 하늘에 물수제비 하는 마음

들 돌 밖으로 나가는 사람들이 구체적인 자세로 살아난
조각상이

나쁜 도시에서 사랑 당하는 중이었다

* 미켈란젤로

무명 화가와 무제의 플래시

화가에게 물감이 없다.

숯가루 물을 마시고 사우나를 간다.
사우나로 가는 골목길엔 별별 식물이 자란다.
화가는 그것들의 이름을 모른다.

인간이 궁금한 나무에게 수돗물이 쏟아진다.
개방형 나무는 스쳐 가는 인간을 보고 풍경이라 말한다.
화가에게 궁금함이 쏟아진다.
야외로 쏟아지는 마음은 생물일까 비생물일까.
나무 앞에 화가가 멈추면
누가 더 풍경다운지

비눗물과 더운 습기 속에 몸을 눕힐 수 있다.
온천수를 뱉는 기이한 돌 속에는 쇠 파이프가 숨겨져 있다.
화가는 화가라서 사물의 내부를 떠올린다.
화가의 엄마의 엄마로부터 내려오는 주말의 나른한 문화
오래된 엄마들이 하던 일은

식물처럼 자라는 나쁜 생각을 닦아냈다.
화초를 다듬는 노인의 취미는 그래서 생겼구나
아무튼

열 속으로 잠겨 본다.
등이 굽은 할머니에게도 물고기 뼈가 남아 있다.
그렇다면 화가는

화가는 어린 버섯처럼 습기와 나무를 찾는다.

어둠 속의 노곤한 빛을 쬐며 사우나에서 명상을 한다.
낮은 조도 안에서 선을 만든다.
어깨 위로 축축한 공기를 담아 마시고
구부려 체조를 해 본다.

희고 담백한 자작나무 냄새
새도 눈발도 닿지 않은 나뭇결
화가는 마른 숲에 다녀온 적 없는데
그곳에서 걷던 기억을 떠올리게 된다.

검었다가 화창해지는

숨을 마신다.

달군 돌 위로 맑은 물을 붓고
나무를 태워 불을 만들고
흙을 구워 열을 담고

화가는 풍경에 굴러떨어진다.

공기를 마신다.
물웅덩이를 만든다.
동물의 잔해를 본다.
부러진 가지를 밟는다.
그러다가
숨을 뱉으면 느리고 축축한 것이 쏟아져 나온다.

화가는 울컥
하지 않았다.

> 사람도 되지 않고
사물도 되지 않고

수증기의 태도를 배운다.
비눗물에 미끄러져 녹는 것까지.

화가는 사우나를 빠져나오면서 검은 물로 자리를 만들었다.
어둠처럼 두려운 흰 것이
벽 뒤의 돌 속으로 흘러든다.

화가도 거기 깃든다.

젖은 몸의 화가는 지압돌을 밟는다.
사우나 다음으로 개천을 생각한다.

이른 새벽 물 위에서 잠자던 새들이
세수를 하려고 물속에 얼굴을 담그던 모습을 본 적 있다.

> 생각하면서
집으로 돌아가는 동안 별별 식물을 지나쳐 갈 것이다.
화가는 사우나에 화가를 버리고 온 기분이다.

나무는 세수하고 날아가는
새를 구름이라고 부른다.

저녁 형광등을 통과하는 액자식 슬픔

그러니까
붓질처럼 화가는 반복된다.

끝 여름의 보물찾기

빈 일기장을 보았을 때 여름방학은 끝나 가고 있었다

얼음을 씹는 어린이는 아무것도 쓸 수 없었다. 아무도 없었기 때문에 아무도 어린이의 일과를 궁금해하지 않았다. 엄마도 개도 없는 오후엔 컵라면을 불어 먹고 놀이터 어귀로 갔다. 나무에 거꾸로 매달려 풍경을 본다.

수영장에서 놀던 것도 떠올려 본다. 물 밑엔 어린이들만의 고래가 있고 암초와 성이 있다. 흙 위의 아이들은 본능처럼 무덤 모양을 좋아하고 손등을 묻어 무덤을 만든다. 흙 아래 손을 넣고 귀신보다 오싹하게 자란다. 나무 그늘과 경비실의 모퉁이는 아이들이 크기 좋은 곳.

놀이터의 세계에서 술래는 시대에 등장한 심판자
꼭 감은 눈은 결백이고 실눈은 양심이고
누구를 위해서 숫자를 거꾸로 말하고 땡, 외치면 혼자가 되거나 혼자가 될 어린이가 생긴다. 실종된 아이들은 보물이지
제일 중요한

> 방학이 끝난 교실을 생각하면 오줌이 마려웠다.
둔탁한 교탁과 긴 순서 끝에 서 있는 어린이
누구나 바지에 오줌을 싸면서 어른이 되는 것이다.
수박을 먹지 않아도 여름은 여름으로 불렸다.
일기를 쓰지 않아도 용서되는 방학이 있을까?
미끄럼틀이 길어지고 있다.

귀신도 왔다 간 흔적을 남긴다.
부엌에 홀연히 나와 있는 물컵이라던가
낯선 온기가 남은 이마와
갑자기 사라진 열쇠 같은
못 찾겠다 꾀꼬리 반복해도 꼭꼭 숨는 어린이

그 애를 찾을 때까지 일기에 쓸 말이 없다.
궁금해하는 사람이 있을 것이다.
풀밭에 숨겨둔 종이처럼
나타나는 질문을 받으면 뭐라도 쓸 것이다.

이 놀이를 처음 만든 사람 아직 살아 있대

그 사람도 아직 발견되지 않았대
지구에서 잘 숨는 어린이들을 찾아다닌대
발견되지 않은 애들 지금은 다들 부자가 됐다던데

일기는 썼대?

뭐라는 거야 그런 거 물어보지 마.

섬망 해체

손을 담그면 돌 같은 것이 만져진다. 단단한 미래가 부서진 일이다. 해풍에 밀려 나온 기체가 다시 언덕으로 들어가 흐른다. 가시나무가 자란다. 바다의 밑바닥
맨 아래

유리컵의 둥근 밑동을 본다.
물에 번진 피와 해양생물의 닮은꼴
휘감는 것들은 은은하다.

꿈의 물질처럼
아름다운 테두리를 떠올린다.

첨벙 뛰어든 소리

오래된 섬에 오래된 할머니가 있다.
능선을 따라 흰 새가 울음을 떨어트린다.
조류가 바뀐다.

부드러운 독이 자라서

맑은

해파리, 해파리

가장자리가 날카로운 돌을 지난다.
그때 나는

해변에 앉아 부서진 조개를 주웠다.
긁힌 바닥

얼음장 같은 믿음을 깨고
얼음장 같은 믿음

조각들이 찌르고 깨트려 찾는 무언가가
단단히 상처 나는 동안
곡선은 그것의 빈자리를 채운다.

바다 위에서 찾는
아름다운 테두리

흔들리는 가장자리

위험을 느낄 수 없는 자세로
나는 창문에 이마를 댄다.

안팎을 뒤집어 달아나는
빛. 해파리. 과학적인 기력. 물고기 떼. 밤의 헤엄과 낮잠의 어지러운 선들. 고쳐 쓰지 못한 매듭과 그물을 지나 무엇을 건져 올리나. 가시와 생선알이 가득한 산호무덤처럼 나는 마음을 헤집었다.

창문을
두드리던 미래는
손자국만 남기고 떠났는데
어린 나는 야광을 비춰 그것을 읽고 있었다.

잠수정이 멈춘다.
심장 절벽 각도 이런 것이 퇴적된
거대한 암석.

흰 지반을 지나는 폭우 같은 마음들
슬픔의 섬광은 멀리서부터 쏟아져 내렸다.

유연하게
끌어안는 절망
팔 안쪽에서부터 밀거나 당기던 것이 있지.

해안처럼 나는 어디를 걷는다.
몸 밖으로 내 것이 나온다.

흐르는 전류
작은 뇌 사랑 감각 불순물

물에 대한 삽화

물속에서 놀고 있었는데
친구들이 나만 두고 사라졌다
너무 조용해서 물에서 나왔다

돌 하나를 던져 넣었다
물 밑으로 내려앉는다
강이 사라진다

영원히 속마음을 알 수 없다
내 못생긴 친구들

공통적 개인사

모두가 죽었다

꼭 쥔 손에는 예쁜 날붙이가 있었다 무화과나 빵을 자를 수 있다 나를 둘러싼 벽지엔 찬 기운이 밀려왔다 이곳은 시든 꽃이 불순물 되어 떠도는 방이다 무너지기 직전의 책장이 있다 어둠이 오겠지 검은 웅덩이에 발을 모으고 앉아 기다렸다 아무도 오지 않았다

얼굴을 묻고 와라, 와라 말한다 나를 중심으로 멀리 도망치는 애들이 보였다 한참 멀리 가던 애는 줄에 걸려 넘어지고 내가 밉다고 했다 그거 넘지 말라니까.

화면 위를 천천히 걸었다
어떤 새의 눈물은 검은색이라는 말

떠난 애들은 끝까지 찾아오지 않았고 나만 흰 입김을 가지고 있었다 정말 싫고 아름다웠다

여름 안의 동양

편지는 모두 태우는 것입니다.
나의 후손들에게는 더 이상,
더 이상 가르쳐 줄 것이 없으니까요.

흑색 지붕 아래로 걸어갑니다
이 편지는 발견되길 기다릴 것입니다

장례에 대해 생각해 보았습니다 비자나무 위로 비가 내립니다 시원한 그리움이 퍼지고 집이 생기고 손톱을 깎는 동안 나무가 자랍니다 은접시 위 복숭아에 대해 적어 둡니다 빛이 자라는 느낌에 대해 유리 문진에 대해 미래는 여러 가지 형태로 떠올릴 수 있습니다 돌 위로 자란 조밀하고 푸른 이끼를 어루만지면 수분이 깃드는 걸 볼 수 있습니다 낮잠이 맑은 식물처럼 사람에게 시체라는 말이 붙지 않는다면 나의 장례는 어떨까요

복도를 걸었습니다

나무 마루 나무 문턱 나무 문간
죽은 숲이 만든 실내라는 것
나무의 몸 안쪽엔 물결무늬 유령이 있군요
여러 장의 문이 겹치며 열립니다
복도가 바깥이 되면

풀밭 위로 매실이 떨어지는 소리
사락, 종이를 넘기는 소리

모서리나 문지방의 마감을 들여다보며
여름에 식어 가는 나를 계속 덜어 냈습니다

사람이 묻힌 곳은 나무가 잘 자란다는 속설
영생목으로 향나무 영혼이 자랍니다
문조의 흰 깃털이나 아카시아 나무 그늘을 만질 수 있나요
도깨비불의 언덕과
은어 떼의 비늘 속
잡아당기고 흩어지는 목소리는 꿈결 같고

검은 돌이나 연잎 아래 반짝이던 안부 인사를
적고 있습니다

대나무 낚싯대로 은어를 잡았는데
바구니 안에 쌓여 있는 투명한 눈알들
물고기와 거짓말은 서로 아주 먼 단어 같고
사람의 몸에 이토록 다양한 홈이 있다니

여름은 그런 자세를 오래 비추길 좋아합니다

초저녁의 마가목에는 날벌레가 많군요
무화과 열매가 모아 둔 열기에 다가가면 이마가 익고
다 익어 쪼개지면 붉은 알갱이들
등나무 이파리처럼 떨어질 것 같습니다

깊은 선사 앞의 돌탑이 장마에 무너지면

이런 것이 해방감이라면

어떤 가풍은 모시조개보다 하얗고
불에 타기 쉬웠습니다

그럼에도 흘러오는 것이 있네요
이를테면 여름밤에 들은 기묘한 전설이
사라져 가는 즐거움

야간산행

공룡처럼 죽고 싶어
왜
뼈가 남고 자세가 남고
내가 연구되고 싶어

몸 안의 물이 마르고
풀도 세포도 가뭄인 형태로
내가 잠을 자거나 울고 있던 모습을
누군가 오래 바라볼 연구실

사람도 유령도 먼 미래도 아니고
실패한 유전처럼
석유의 원료가 된대
흩어진 눈빛만 가졌대

구멍 난 얼굴뼈에서
슬픔의 가설을 세워 준 사람
가장 유력한 슬픔은
불 꺼진 연구실에서 흘러나왔지

> 엎드린 마음이란
혼자를 깊이 묻는 일

오래 봐 줄 것이 필요해
외계인이거나
우리거나

눈을 맞추지

뼈의 일들
원과 직선의 미로 속으로
연구원이 잠에 빠진다

이게 우리의 이야기

강이 비추는 어둠 속에서
신발 끈을 묶고
발밑을 살펴 걷는 동안의

3부

일요일에 샐러드 먹기

뒤뜰에 앉았다. 나무 그릇은 풀로 가득하다. 토끼굴로 파고드는데 가슴 속으로 미끄러지는 버들치나 참나무 줄기는 어쩔 수 없었다. 참나무 생각으로 가득해진다. 나무로 만든 것을 줄줄 읊게 된다. 밀가루 치대는 나무 그릇, 나직한 침대, 종달새, 두터운 종이, 숲의 눈동자, 파쇄기, 짧은 뒤뜰. 도감에서 본 나무들이 자라는 것을 보았다. 맨발로 달려간다. 내가 가진 종이만큼 생각은 여백뿐이다. 창백할 수 있다. 나무에 걸린 나는 눈물 모양이 되고 물관 속으로 빠진다. 나처럼 식물은 울지 않는다. 토마토 양파 적근대 무엇이든. 부드러운 가지를 부러트리고 작은 십자가를 만들어 쥐면 사방으로 부끄러워진다. 식물이라는 기분. 툭하면 죽을 수 있다. 식물에겐 눈길도 과습이에요. 키워 본 사람은 이것을 안다. 자라지 않는 줄기에 대하여 말하기도 했다. 일방적인 사랑으로도 식물은 압사당한다.

도시적 상상력

광장에 누워 있는 의자 하나가 조형물 되었다. 모서리에 기대 잠자던 고양이는 기지개를 켜고 달아날 수 있다. 분수대나 할머니의 무릎 위로 말이다. 의자는 독립적인 성질이 있고 여백이라 부를 수 있다고, 조형을 연구하는 학자들이 말했다. 의자에 앉으면 의자 모양대로 바뀌는 사람들을 봤을 때, 너는 그들이 마치 기울어진 그릇에 담긴 물 같다고 말했다. 나는 지금 물처럼 흐르고……. 네가 도쿄에 갔을 때 빗속에서 보았던 물고기처럼 빛을 쬐는 의자가 있다. 이때의 빛은 자연광일 확률이 높다. 인공적인 빛일지라도 훼손을 낮춘 외곽의 박물관 혹은 눈 안쪽을 비추던 작고 일렁이는 빛이기도 하다. 그 위로 자세가 덧대어진다면 우거지는 그림자. 균형 잡기. 사물에게도 생각하는 힘이 있다. 그중 하나가 의자라는 가정과 이곳이 안전하게 조성된 시청 앞이라면? 무엇을 받아내거나 비워두는 연습이 거대한 광장에서 이뤄지는데 이른 아침엔 휴식하는 늙은 경비원이 있다. 의자가 아닌 것 조형물이라는 작은 금속 팻말이 붙어 있으니까 행인들은 자연스럽게 여긴 앉으면 안되겠군 생각한다. 고양이나 참새는 뺀다. 독립적인 여백이란 이런 풍을 가진다. 이따금 그 위로 비가 쌓인다. 평화가 물처럼 흐른다, 같은 표현 뒤로 가만히 놓인 의자는 반듯함 없이 구부러짐 없이 도시 중앙에서 울창한 숲이 되는 꿈을 꾸고 있다.

명상실 창문으로 구름이 지나간다

저것은 새. 저것은 빛. 저것은 물. 저것은 희망. 저것은 엽서. 저것은 일렁임. 저것은 영혼.

창문으로 구름이 지나간다
아주 커다란 구름이다

해피데이

어떤 애들이 사람의 속을 파고 또 파내어 파인애플처럼 긁어내고 그 끝에 무엇이 나오나 보고 싶다고 했다. 흙이라고 말한다면, 흙 안에는 미네랄과 균열과 해양생물의 헤엄 같은 것이 내려앉았다지.

그러면 나를 말할 땐, 집에 있지. 그것보다도 창이 가로로 크게 난 부엌에서 쌀을 씻고 아니지 수향미를 두 그릇 퍼 담아 씻고, 거실에서 흘러나오는 먼지와 TV 소리에 조금 섞여 흔들리고 있지. 아주 미세하게 미미하게. 쌀 한 톨로 손가락을 건드려 가며,

휩쓸려 나가는 체온과 이따금의 그리움. 주르륵 멈춤 없는 말들이 이어지면 어떤 책이 눈 앞에 놓이기도 한다. 두꺼운 책을 뒤적이는 망상까지 몸이 된다.

항상 저희의 생각을 이용해 주셔서 감사합니다

그 애들이 만들어 둔 소용돌이 속으로 빨려 들어가서 어처구니없이 또 아침을 배우게 되었지. 깊게 뛰어드는 신기한 햇빛.

라이프 스타일

도시재생기술자가 울다 보니 늪이 생겼다
나는 그걸 처음 발견한 사람이었지
오랫동안 그의 등을 바라보고 있었다
그저 그런 양치식물의 모습을 하고

녹지를 늘리겠다뇨
웅크린 자세로 늪을 흘려보내는 그를 보면서
날카로운 금붙이를 떠올리다가 그때의 조각이 까맣게 녹고 부서지며 성분이라고 불리게 될 때
엉망이 된 도시의 기물 사이로 기술자의 눈물을 보게 된 것이다
외딴 조경 속에서 나는 발목이 잠긴지도 모르고 조금씩
늪의 일부가 되고 있다

아무도 오지 않으면 늪은 계속해서 어두워진다 축축하고 차가운 나무가 생각 없이 자라는 거 너 지금 보고 있니, 보면서도 가위 같은 건 떠올리지 않는구나 나무가 나무를 낳고 그늘이 그늘 위로 쌓이잖아 물 안쪽으로 기울어지는 빛 같은 건 사라지게 된다

작은 벌레들이 수면 위로 날아다닌다
물거울은 모든 상을 그대로 담아내네

도시기술자에게 이 늪은 취향이었을 것이다
무작위의 녹지를 어쩌면 좋을까

여기 어디에도 묘비 같은 건 발견되지 않겠지만
그래, 만족하기로 했다
손끝을 건드리는 잠자리에게 안아줘라고 말할 수 있었다
사라지지 않는 어둠이 화창한 도시보다 나쁘다고 할 수
없었다
반대로 말해도 달라지는 건 없을 것 같아서

늪에 대해 검색하고 싶기도 했다

라스트 타워

차갑다. 도시의 이름들.

파이는 도시의 이름을 고민해 보았다. 유리로 만든 지구본 앞에 서서 깨지기 쉬운 이름을 찾는 것이다. 아인트호벤, 도쿄, 이르쿠츠크 하면서

그것을 툭 밀었다.

사람은 사람보다 힘이 센 것을 만든다.

높고 차가운 건물 안에서 벽을 따라 걷는 일은 사람 때문이었다. 파이는 건물 안의 소품을 모두 보았다. 화병. 세면대. 거대한 조명. 긴 난간과 계단. 외로웠으니까. 그냥 보는 날이 이어졌다. 방으로 빛이 들고 이것은 불연속적이다. 비가 오면 어두워지는 일까지. 건물 안에서 파이가 갈 수 있는 곳이 더는 없고 파이는 이곳을 맴돈다. 파이를 괴롭히는 사람이 없구나. 벽과 액자 속에 갇혀 있는 파이의 친구

친구들

외국에 사는 여자애들이 편지를 쓴다. 서핑을 끝내고 젖은 몸으로 펜을 들어 쓴다, 괴물이 그려진 보드에 걸터

앉거나, 시립도서관에서 사과를 씹으며, 재생지 위에 사과즙을 뚝뚝 흘리며 편지를 쓴다. 파이는 그것을 본 적 있다. 하지만 그런 편지를 한 번도 받아 보지 못했다. 파이에게, 라고 적인 편지는 흰 재처럼 저택의 굴뚝 안에 떠돌고 있을 것이다. 불에 탄 비행기에 있었거나, 눈발처럼 날아갔을지도 모른다. 파이는 궁금했다. 사람들은 왜 자꾸 사람보다 힘이 센 것을 만드는지. 그러다 보면 눈물이 날 것 같았다. 파이의 몸은 너무 작고, 너를 생각하다 죽을 뻔했어, 하고 말한다. 외로운 날을 멈추려고 박물관을 오랫동안 둘러보았다. 파이는. 박물관이 영원할 수 있을지 궁금했다. 그것이 멈추지 않았으면 좋겠다고 말했다. 박물관 관장이나 편지를 쓴 친구들이 죽는 것과는 조금 무관했다. 하늘을 보고 있으면 구름 때문에 어지러웠다.

개인학습

영화관이나 컴퓨터실에서 나오면
옆 사람의 손을 잡게 된다

호수에 민낯을 비춰 보다가
조약돌을 던지게 된다

신의 가호 같다
신기한 믿음

온천을 본다
발간 볼을 적셔 가는
기억을 가지고 있다

—

가본 적 없는 숲을 그리는 화가가 있다

그 안에 살고 있는
어린이

> 미술관은 병을 낫게 한다

먼 보랏빛 숲
아무리 봐도 그림 안에 어린이가 없는데
살고 있다고 믿게 된다

화가가 작업실에 앉아 한 일이다

—

연필이 없다

큰 화면에 대고 뭐라뭐라 쓴다

신의 영역 같다
1과 0으로 이뤄진 기도니까

순례자처럼
내내 하얘지는 것이다

—

뇌는 가끔 작동을 멈춘다

그때 무언가 보인다고 해야 하나
무엇도 보이지 않는다고 해야 하나

방아쇠를 당겼고

소리가 났다

—

피아노 연습실
암전

오늘 배운 내용은 이것이다

흘러가게 두는 마음을 '그냥'이라고 부른다

모든 것은 상상이다

—

유리컵을 깨고 싶었다
깨지 않았다

방아쇠를 당기고 싶었지만 당기지 않았다
마음속에서 했다

총구를 입에 넣고
관자놀이
아래턱

방아쇠를
당겼다

연습할 수 없는 일들은
언제나 쉽게 일어났다

나쁜 실험

굴뚝이 있는 저택
비어 있다

좋은 가구와 사우나실의 돌벽은 여전하였고, 입구가 붉은 술병과 명상 책엔 먼지가 빛나고 있었다. 위인들의 사진이 걸려 있었지만 그들이 이곳에 방문했던 건지는 알 수 없다. 나비의 눈으로 보면 그들은 조용하나, 위장에 능숙한 불행이었다. 나비는 이곳이 비었다고 믿어 날아든 것일까. 얘들아. 이곳에 대해 우리는 이미 말했다. 비어 있다.

여러 번, 반복하여, 저택이 비었다고 말했다. 그 안에 나비가 깃들고 들쥐가 새끼를 낳고 모래바람이 구석에 쌓여 간 것이 여러 해였다. 모래 위로 비자나무 씨앗이 흘러들어 오던 나날이 있고 자기보다 작은 새를 쪼아 먹던 독수리가 잠을 자다 떠나기도 했다. 작은 벌레를 두고 새들이 싸우는 허무한 짓을 누가 알고 있을까. 벽에 걸린 위인들은 둘러서서 구경했다. 벌레의 생활을 지루하게 하염없이 바라볼 수 있었고, 어떤 위인은 그들에 대한 위대하고 기발한 생명시를 쓰기도 했겠다. 그래서 그랬는지 위인들의 사진에는 이따금 발톱 자국이 생기곤 했다.

비어 있다. 저택이 비어 있다. 부드러운 커튼이 여러 갈래로 찢어지는 동안에도 비워지고 있다고 말한다.

지루한 신을 위해
상징처럼 너저분하고 고풍스럽게 비워지는 저택

이런 걸 본 적이 없나 보구나.
동화 같은 한 세기가 조용히 무너지는 그런

리조트

오랫동안 눈이 녹지 않는 스키장을 걸었어 구부러진 섬광을 빨아들이며 고철의 흔들림을 들으며 기다란 입김을 마셨어 사람들은 왜 이곳을 잊은 걸까 장화 신은 아이들이 보이지 않는 침착한 장소로 왔어 안개 낀 숲처럼 아르누보 타일만 남은 기이한 현장

유리창에 붙은 거미는 조용하고 아침이 오는 테라스
명상을 하면 마음이 가벼워져
어깨라는 복합체가 달그락거리거든
깨끗한 호흡을 모아 조용한 눈이 되고 있었지
몸 안쪽에 쌓이는 단정한 구름
부서지는 결정
거대한 현미경이 있다면 나는 그 아래 누울 거야 사람다운 사람이 되어 얼어붙은 무릎을 주고
연결을 가르쳐 주려고

떠내려가는 얼음 끝자락
빙하처럼
다각의 흰 입체를 보고 싶겠지

여름이 와도 녹지 않는
내 희망에는 계속 눈이 내려
꼬리를 물고 불어나는 상상력처럼
있잖아, 아름다운 차원을 짓기 위해 썩지 않는 뼈처럼
내게는 견고한 객실이 있단다
온종일 문을 닫지 않아서 가끔
미래 같은 게 와

야외엔 반듯한 시계탑이 있다

어두운 찻잔 속으로 손가락을 담그고
물에 젖은 손을 들어 하늘에 모서리를 긋는 거지
여기가 세계의 끝이라는 듯
마음이 시원해

건조된 조각 자몽
뜨거운 물을 따르는 것처럼
자몽이 잠기는 속도로 멀어지는 이웃들

차를 마시며 먼 산 보기를 한다
설산 끄트머리에 어둠은 무엇을 품고 있지
무거운 잉크가 엎질러진 자리
산 정상에 엇갈리는 케이블카처럼
양가적인
나는 나를 평행하게 아끼고 있다

창문으로 둘러싸인 건물
호황이었던 오래전 겨울이
잠을 잔다

사랑하는 외국인처럼
먼

휴가 속에서

가상의 비

가상의 비가 내린다.
내가 있는 사이버.

—

푸르고 어두운 곳으로 들어가 길을 잃는다면
비가 오는 장면
아무것도 젖지 않는다.

—

사방을 두리번거리는 나는 한가운데 같았다 한가운데의 등대와 한가운데의 깃발과 한가운데의 점 한가운데의 쟁취 한가운데의 뿔 한가운데의 화살과 한가운데의 잔해

—

여러 번 반복되는

> 길을 잃는 꿈
버려지는 꿈
잠을 잤구나 내가.

—

뒤적이고 있다.

핸드폰에서
컴퓨터에서
회색 도서관에서

즐겨찾기로 별을 늘리며

미래를 찾고 있다.
심해의 깊이
이별의 가능성 속에 하나의 물번짐
일어난다.

> 굴절의 힘으로 날아가는 얼굴이 있다.

그런 형태로 지어진 천국은 멀지 않다.
주로 바닥에서 시작된

나는 지금 길을 잃는 중이다.

눈앞에 흐르는 비를 맞는다.
유성우에 젖는다.

나의 가상은 이런 식이고

너는 내가 찾아 헤매는 오래된 가설

우리를 빗나가는 예외를 주워 담으며

닦고 지우고 세우는

4부

실재의 거실

강아지 한마리가
잠에 빠졌다

거실에서

우리만 진짜 같다

심장은 연결되는 것

기분이 생긴다

창밖에는 기계들뿐이지만
우리는 살아 움직였지

내게도 전기가 흐르고 있네
너처럼

웨딩밴드는 새로운 앨범으로 돌아올 것이다

도대체 이게 뭘까
이건 너의 결혼이지,
그래도 모르겠어 춥고 기뻐

웨딩밴드가 등장했다
악기를 짊어지고 걸어온다 슬픔과 기쁨, 배신과 사랑을 등에 싣고 온다 의문의 함선처럼 서서히, 하나의 악기로는 도무지 환상을 노래할 수 없어서

보컬은 피아노를 치고 노래도 부른다
샴페인 잔이 부딪히느라
눈이 부셨다

맹세를 할 땐 개처럼 짖어 보일 것 흰 배를 보여 줄 것 콧잔등을 핥으며 납작해질 것 그게 바로 결혼이라면, 우리는 하겠어 아니 하지 않겠어
제발요 제발요 보컬이 그렇게 외치는 동안 창밖으로 천둥이 친다

> 비가 오면 잘 산대

밴드 멤버 한 명이 예고 없던 드럼 연주를 시작한다 리듬을 타고 노신사의 가발이 날아간다 거대한 케이크가 쓰러진다 크림 속에서 헤엄치는 사람들

보컬은 노래를 부르는 동안 제발요 행복하세요 — 혈압이 상승한다 이마 아래 검푸른 혈관이 톡 터지고 아무도 신랑신부를 보지 않았다 사랑이 번지는 장면

천둥이 천장을 두 쪽으로 갈라 버리고
번개처럼 기둥을 타고 흐르는 나선의 감각이 있다

장대비 속 두 사람이 사라진다
미지의 섬으로 간다 드레스를 끌며 제정신이 아닌 건축물에서 멀어지며 물에 잠긴 도시를 맨발로 밟으며
모든 장면은 앨범으로 돌아올 것이라 믿으며

— 이거 너무 사랑 같다 그치?
— 모르겠어 근데 좀 재밌다

> 잿빛의 빗방울이 느리게 떨어지고
거리를 걷는 동안 노래 불러 줄 사람이 있으면
좋겠다고 생각했다

어디에도
없겠지만,

친애하는 블로거에게

금속을 두른 화면으로 숲이 열리는가! 백야가 오고 말았네! 한밤에도 이 자리는 하얗단 말이지……. 당신은 시도 때도 없이 작물을 심고 캐고 물조리개가 되고 있군! 나에게 포물선 그려 날아드는군! 그것이 마음에 오고 나는 문 두드리네! 미래적인 텃밭으로 들어가는 중! 들어가는 중! 기나긴 연결들 눈앞이 환해지네, 머물게 되는 전류의 소식들! 미래의 작물에게 편지를 쓰기 위해 나는 밭을 읽고 쓴다 쏟아지는 초록색 빗물! 반짝이는 과일 잎사귀! 당신은 몇 월을 살고 있는가 그것은 봄이나 여름처럼 내가 말할 수 있는 형태와 발음을 가졌는가? 나와 같은 시간 속에 살고 있다면 부탁하네 나에게도 씨앗 한 알 줄 수 있는가! 찢어진 돌미나리 이파리 만져 볼 수 있다면! 흙의 숨구멍 바라볼 수 있다면! 위이이이이 ― 나는 유령식물처럼 노래를 불러 보네, 몰래 자라는 여름이라네! 내 눈의 절반은 흙이 되고 절반은 초록으로 우거지는 여기는 백야인데! 노지 딸기는 어떤 과육을 흘리는가! 벌레는 아이처럼 무구하게 잠자는가! 그 안에 고인 담력과 어둠을 나는 알지 지구본을 읽고 자랐으니까 푸른 피를 오래 바라보았으니까! 당신이 굵고 단단한 손으로 매만진 텃밭에 대해 밤마다 상상했다 둥글게 솟은 이랑 아래 착실한 비료 되어 썩게 되는 것! 우아한 미라처럼 양손을 가슴에 포개고! 나비잠 자며 자유롭게 썩어가는 소원! 그 위로 자라는 복숭아와 작은 여름 — 나는 지금 화면 속 들어가고 있네! 작고 하얀 거미처럼 단 하나의 연결에 기대고 내가, 들어가고 있네! 한 줄 백야가 되어 흙을 만지고 사과의 빨간 조각이 되기 위해 간다네! 여기는 밤 아주 하얀 밤! 어둠을 밝히는 하얀 상을 나는 바라보았네!

바라보았네
그리하여 새에게 물을 주듯

희게 깃들고 있네
보았네 배추벌레가 하늘에 작은 구멍 내는 것을, 나는 몸을 나란히 하여 날아가는 새의 배를 구경하네
입술을 모아 새소리를 내고 있네

입 밖으로 튀어나온 토마토
초록, 포도알
탱탱볼과 하얀 토끼발

맑은 수돗물, 순간의 반사광

하얀 화면 속에 풀어놓은 둥근
눈알들은
그것을 매만지며 신나하고 있네
튀어 오르는 방향을 만드네
달리고 있네

탱자가 닿는 자리

얼굴이 빨개졌어 숨을 참아 여전히 트랙 밖을 달리는구나
멀리 가면 소년, 튀어 오르면 탱자

탱자야 소년아

소년은 달린다 몸이 기울어지고 다리는 기분을 앞지른다 슬픔을 지나면 신기록이 생긴다 동그란 트랙, 한 발 뒤에 달려오는 재는 좀 가짜 같다 소년이 막아 낸 어린 선수들은 유망주라고 불리던데

호루라기 소리가 울려 퍼지는 운동장 코치는 모자를 눌러쓰고 숨을 뱉고 호루라기가 울리고 삐이이익
누군가 귀 아파했다

여기 모른다고 하지마 코치의 목소리를 잊어 잊어
헛발 디딜 때 귀에서 이명이 쏟아졌다
괜찮아 호루라기 아니야 새소리야

> 소년은 운동화가 잘 어울린다 결승선을 두고 트랙 밖으로 튕겨져 나갔다 탱자나무가 무성했다 톡 터지는 탱자와 날아든 소년, 익어 가던 머리통

바닥으로 떨어졌다가 튀어 오르는 몸짓 바닥에 구르는 탱자를 비껴 달리는구나 장애물에 상큼한 구석이 있다 밟으면 하나가 될까 봐 소년은 탱자를 피하고 탱자는 후두둑 쏟아지고

가시밭은 반짝거린다

운동장의 선수들은 발견한다
눈이 멀 만큼의 빛과
땀에 젖은 흰 수건
부저가 울리는 한낮보다 생생한,

진화론

—I물고기의 말로 말하기

튀어 오른 질감에 대해 관통하는 물방울에 대해 이야기 할 수 있다. 물방울이 너무 자그마하다면 물고기에 대해 이야기해 볼까. 차갑게 움직이는 레이스 자락 사람들의 배 속을 옮겨 다닌다. 욕조의 수채에서 일어나는 소용돌이는 무서운 눈을 가졌고 그 아랜 천 마리의 물고기가 휘몰아치고 있다. 물고기의 입김이라거나 검은 물에서만 빛나는 형광빛 꼬리를 떠올릴 수 있겠다. 자유로운 스쿠버는 깊은 수심을 헤엄칠 수 있고, 화가는 밤의 빛으로 그림을 그린다. 어떤 미술은 밤에 봐야 한다. 스쿠버가 따라가던 형광빛 꼬리처럼. 화가의 꿈속으로 색이 쏟아지는 감촉처럼. 어둠을 내리면 핏자국을 읽는 수사원의 약품도 그런 장면을 가졌지.

모르는 일이 재생되기도 한다. 깊은 어둠 속에 눈을 뜨고 있다 보면 믿음은 허물어지기도 했다. 뱉어 놓은 말이나 한여름 같던 우정은 빨개진 눈에 들었다가 물속에 녹고. 그것은 구름이 된다. 다시 바다 위로 내리고. 버려진 편지 속에 물고기가 살기도 했다고 믿어도 된다. 안부로 적어 보았던 어름치 — 열목어 — 숭어 아름답게 구경하는 사람들. 일부러 놓아둔 공력 같은 것. 사람들이 만나지 못했다고 한다.

물을 바라보면 밤처럼 깊어진다. 여러 번 붓을 담그면 까매지는 물감 통 그 깊은 오수엔 무엇이 빠졌나. 연못으로 밥을 던지는 사람과 뻐끔거리는 물고기들이 서로의 낯을 빤히 바라보고 있다.

미드나잇 볼케이노

여기 봐봐
셔터를 터트린다
펑하는 소리와 움직이고 빛이 산란하는
모두가 사랑해라고 외쳤다

⊹

물고기 비늘이 저물고
빛 무더기에 편지가 잠긴다
먼지가 날리는 실내라니
실밥 풀린 인형이 둘러앉아 있다
티끌이 공중에 떠오를 때

⊹

불이 붙는 케이크를 보고 있다
초가 녹고 그것은 손등이나 어깨 위로 떨어지기도 한다
한 사람이 손을 모으자 어둠 속에 각주가 달라붙는다

⊹

생일 초는 한 번에 꺼야 하고
숨은 왜 이렇게 짧을까
유사 과학으로 이루어진 미래를 기다린다

⊹

이마 밑으로 마그마가 끓는 느낌
언 손 하나가 그 위로 떨어진다
한 줄기 손짓만으로 나는 빙하가 되고

⊹

초를 끄자 몸 안으로 들어오는 기체
영혼은 부드럽고 말랐군
돌의 안쪽처럼 불과 기도를 감춘
케이크 하나가

더럽혀지는데
이 앞에서 사랑해라고 말할 일인가?
촛농 자국을 긁어내고 먹는다

조각 케이크는 아름답지
무화과 대신 폭탄이 들었다 해도
장난이 슬픔이 된다 해도
긴 나이프 하나로 조각난다 해도

소박한 성질들이 쌓인 하얀 배열
녹는 마음과
불을 식히는 빗물과
웅덩이마다 배양되는 나쁜 생각
생크림처럼 흰 믿음 위로
퇴적되고

실금은 무너뜨린다
기울어진 구름이 비를 쏟고 말듯이

-¦-

하얀 케이크에 얼굴을 파묻었다

-¦-

거대한 구덩이가 생겼다

귀여운 물리의 목격

선생을 따라 그는 어디든 간다. 극장과 가로등과 미술관과 달빛언덕 그리고 더 많은 자리와 거리를 따라 쏘다녔다. 선생은 신문 읽기 탱화 감상이라던가 마즙을 갈아 마시는 것을 즐겼다. 그는 그것들을 가졌지만 습득하지 못했다. 그는 선생이 읽는 문자를 구경한다. 선생이 응시하는 그림을 바라본다. 의문도 의심도 없이. 선생이 무언가 마시면 그 잔 속에 콧잔등을 대어 보기도 했다. 느린 김이 그에게 닿기도 했다. 선생이 창문에 서면 그는 유리의 안팎을 옮겨 다니며 작은 입자를 관찰했고 선생이 들어서는 풍경에 몸을 기대 보기도 했다. 선생에게 그러하듯 그에게로 작은 무지개가 피었다는 것. 선생이 칠판 앞에 있을 때 그는 글자를 들여다 보지만 글자를 이해할 수 없었다. 엉성한 자세로 분필을 품고 선생의 흉내를 내기도 했다. 선생이 펜을 쥐고 편지를 쓰던 날엔 그의 펜을 쥐어 볼 수도 있었다. 나의 고양이에게, 라는 말로 시작했는데 그는 이 발문을 이해했을까? 이것이 소금사막에 대한 이야기라는 사실을 그는 알 수 있을까? 선생은 그가 하는 일을 알지 못한다. 의문도 의심도 일어나지 않는다. 그는 이런 사실이 좋다. 선생이 할 수 있는 것은 모두 하며 선생이 가진 거리와 가루와 종이를 누려 본다. 가능한 각도로 선생을 몸에 두르고. 선생이 잠이 들 때 그는 더 어둡게 빛을 기다리고 있다.

핑크타운

회전목마가 돌아가고 있어요

나의 장미가 모두 불에 타고 있잖아 팝콘 장수는 불이 크고 예뻐서 가슴이 뛰었어요 쿵쿵 소리에 맞춰 옥수수가 쏟아져요 미끄러운 돌고래가 윙크를 하는데 화산이 터집니다 그래도 회전목마는 돌아가고 있어요 아무도 멈출 수 없어요 녹고 있는 아이스크림과 체리콕 가루 더러운 모양을 좋아했어요 손바닥이 찐덕거려요 작은 나이프로 손바닥을 긁어 봤어요 달콤해요 반짝이는 자세로 굳고 있어요 나는 조금 사탕이에요 남은 설탕이에요 닳아 없어지기도 하죠 막대기 같은 뼈를 핥아 보세요 나를 알 수 있어요 죽은 화산! 나도 상상일 수 있어요 바지에 손을 슥슥 닦아 보지만 소용은 없지요 나에겐 꽃도 얼음물도 남지 않았구요 화산을 멈출 수 없어요 발밑의 마그마로 들어가요 돌고래의 잔해 속에 하트무늬 물결이 보여요 조개를 찾고 놀았나 봐요 나를 따라 아이들이 줄줄이 녹아요 이게 달콤한가요? 녹지 않는 것을 배웠어요 물, 빛, 잠, 연기 나는 만지고 있어요 녹지 않으니까 주문처럼 반복해서 말해요 물, 빛, 잠, 연기 내 몸에 깃들어요 오목한 땅의 일부처럼 성분이 되는 중이에요 달콤한 것이 생각나요 긴 빨대를 물고 화산을 향해 후, 입김을 날려 보아요 생일 초를 끄는 것처럼 어둠이 와도 좋잖아요 우주에서 인간은 먼지라니까요 나는 털지 않아도 먼지를 흘려요 폭탄이 되면 포옹을 할래요 멈출 수 없어요 핑크타운 나는 이제 사라져 볼게요

진화론

—Ⅱ유사 인류

백야 속에 지붕을 만들어 놓는다. 현관과 외벽을 쌓는 집은 언제부터 시작되었는지. 물속에 조약돌을 모으거나 빈 꽃병 모양 산호 속에 집을 짓던 날이 있었다. 또는 갈라진 고목 사이에 진흙을 빚어 바나나 이파리 아래 비를 피하곤 했다. 가랑비 아래 등이 가려웠고 서로 긁어 주는 법을 몰랐고 대신 몸의 구석구석을 사랑처럼 냄새 맡아 보았다. 사랑이 아닐지라도 마주한 거리가 가까웠다. 그때 보았다. 터전뿐인 자리에서 서로의 눈을 오래 쳐다보고 있는 두 사람. 얼마나 오래 바라보았는지 한 사람이 녹아 버린다. 젖은 바닥을 닦는 사람. 한 사람을 훔쳐 내고 꿇던 무릎을 일으키자 여기 원숭이가 사는 것 같군. 원숭이의 얼굴이 구겨지다가 펼쳐지다가. 몸에 새겨진 물결을 매만지며 어쩌다 이런 것이 자랐지 떠올린다. 주름진 살결에는 멸종된 습관이 들어 있다. 새하얗게 백야를 두르고 그도 하얘지며. 희미하게 죽은 나무처럼 가만히 군다. 그는 물고기의 말이나 유인원의 무릎도 버리고 몸을 웅크려 보았다. 능소화는 왜 네 주변으로만 쏟아질까, 말하다가 그는 바닥 닦던 걸레를 주워 주섬주섬 옆구리를 갈아 끼운다. 새로운 종의 탄생이란.

우리의 피가 빨간색인 것처럼 불안한 것도 없었지.

그러니까 밝은 밤은 빛처럼 보이지 않기도 한다. 속에서 눈을 뜬다. 두 개의 눈동자는 손보다 먼저 어둠을 더듬거린다.

머릿속에서
새어 나오는 한 줄기의 은유
자세를 바꾸고 있었다.

영원히 식물원 언제까지나 동물원

거리 위에 깨진 수박을 봤습니다.
식물을 받아 적는 골목.

물과 열이 공간을 짓고 모르는 것을 자라게 하는 무성하고 푸른 밤. 나는 그 안에 있어요. 수박이 자라는 마을의 일.

#당신 안에는 아름답고 수상한 물질이 많네요. 잎사귀의 언어. 안개에 휩싸인 손깍지. 여유로운 불. 시공을 가른 편지의 성질을 배웁니다.

#오르골 안에 들어가면 이런 풍경을 볼 수 있나요. 회전하는 풍경이 있고 기분 좋은 식물들이 부르는 노래

#사랑에멀어버린눈을주워다키우는나무
#연못위로떠오르는손차양
#벽을휘감는산호빛넝쿨또는말캉한입술

사이를 거닐며

나를 안아주던 사람들이 묻힌 광경을 잊지 않으려고 했습니다. 자연광 아래 손이나 얼굴을 내밀고 있는 이들을. 물을 주면 꽃을 보여주는 복잡한 그리움

파인애플 옆에 야자수 옆에 주렁주렁 열린 머리를

내가 다시 먹는 것
신비롭잖아요.
나는 조금 식물이고
조각난 우리는 이어져요.

선인장의 자구를 심는 동안 창밖으로 내리는 별. 또 다른 선인장이 피고 새로운 선인장을 사랑하는 동안 우리에겐 빨간 피가 무섭게 흐르고 나는 쏟아집니다. 수박처럼 실려가다 한 번씩 깨지기도 하는걸요. 별의 폭발처럼 눈이 부실 거예요. 둥근 머리나 그리움이 터지면 말해 볼 수 있어요.

영원히 식물원 언제까지나 동물원

러브러브 다마고치

나에게 작은 외계인이 있다

아카시아 꽃잎
가시가 빛난다

여기는 숲이에요
미래이기도 해요

꿀로 만든 약 한 순갈
말도 안 되는 눈빛으로
내가 크네

안녕? 안녕? 안녕?

이제 내 차례의 폭탄을 끌어안을게
그럼 이렇게 터진다
포옹! 하면서,

쏟아져 내린 잔해 좀 봐

너에 대한 은유들이란 말이야

하트를 눌러요
마음을 나눠요

매일 밤 달을 찾는 중

편지를 썼어
너는 모르도록

버섯 아래서 낮잠을 자면
작은 하품이 나와
기쁨이
무르익도록

연못에서 자라는 달팽이
어지러운 웃음이 났어

무지개가 보고 싶어

스르륵
하고 나타나는

빛을 줘

보라색 알에 갇힌
아기 외계인이
자주 말을 걸어왔다

치즈, 치즈, 치즈
이건 잊지 말란 뜻이야

작품 해설

진열된 것의 시선으로 보기

—표본의 관점으로 쓰는 실험 보고서

선우은실(문학평론가)

공간이 있다. 넓다. 해석된 사실이 나열되어 있다. 방문자가 드나든다. 이방인이자 외부인이다. 진열된 것들을 본다. 그들은 이곳에 진열된 것과 유기적 관계를 갖는다. 어떤 이들은 진열된 것과 결코 다르지 않은 존재이거나 결코 같지 않은 존재이다. 둘 사이에 소유권을 주장할 수 없다. 서로는 서로를 포괄한다. 나는 관람객이거나 진열된 것 모두이다.

나는 '나'를 객체화한다. 나는 '나'를 진열한다. 대상화한다. 배열한다. 나는 그것을 관찰하거나 조작을 가한다. 그것은 변화하지 않는다. 그것에 대한 관념은 변화한다. 관찰되는 '나'는 나와는 다르게 보인다.

'나'는 전시되었다. '나'는 나에서 비롯되었지만 더 이상

나에게 완전히 환원되지 않는다. '나'는 전시되어 있는 동시에 관찰하기도 한다. '나'는 나를 바라보고 '나'를 스쳐가는 사람과 풍경을 본다. 이것이 '나'의 시각 속에서 다시 배열된다.

우리가 자신을 꺼내어 진열하게 되면 무슨 일이 벌어질까?

시와 이미지와 '나'들

우리가 '나-자신'을 말하는 익숙한 방식 가운데 하나는 '자기 서사'를 쓰는 것일 테다. 자신에게 벌어진 개별적인 사건을 엮어 인과관계를 부여하고 자신이 왜 지금 이곳에 이러한 형식으로 존재하는지를 설명하는 일 말이다. 서사는 유용한 형식이긴 하지만, 자기 자신, 자아, 주체라는 개념을 포착하기 위한 발화는 다르게도 행해질 수 있다. 시적 형식, 이를테면 이미지를 통해서도 '나'를 포착하고 개념화할 수 있다.

서사와는 다른 방식의 미메시스, 즉 재현된 것 혹은 모방이나 모사는 시의 형식에서 어떻게 시도되는가? 서사가 현재의 자기 자신을 설명하기 위해 특정한 사실들에 인과를 부여하여 플롯을 만듦으로써 '사실-현실'이라는 토대를 넘어서는 '재현'을 시도한다면, 시는 특정한 상(象)을 거듭 이미지화함으로써 원본에서 멀어져 간다. 이 과정은 재현된 이미지가 더는 원본으로 귀속되지 않도록 만든다. 즉 시적 이미지로서 제출되는 '나'는 '나' 자신의 객관화와 대상화의 결과물이며, 그와 같은 결과물이 또다시 이미지화되고, 또다시 이미지화됨으로써…… '나'를 재현한다. 시적 형식으로 포착되는 '나'는 최초의 원본에서 조금씩 거리를 가지면서 모사된 것을 원형으로 삼아 다시 이미지화된다.

(((나)에 대한 나)에 대한 나)에 대한 나)에 대한……과 같은 이미지의 모사는 마치 미장아빔(Mise en abyme)과 같다. 자신을 되비추는 끝없는 복제 속에서 '나-주체-자아'의 최초 원본으로 회귀하는 일은 더는 중요하지 않다. 복제된 것으로부터 생성되는 미묘하게 어긋난 거리감이 더욱 중요하다. 우리는 이미지적으로 모사된 '나'의 형식으로부터 '나-주체-자아'가 합일되지 않고 끊임없이 재구성(혹은 재생산)되는 과정을 경험한다. 다만 이때의 재생산은 단순 반복과 복제를 의미하지 않는다. 반복적 이미지화를 통해 자신을 끝없이 대상화하고, 나아가 대상의 시선으로 또한 최초의 시선의 주체였던 나를 다시 직시한다. '나'에 대한 연속된 이미지화의 작업은 '나'의 대상화를 넘어 대상화된 것의 시선으로 나를 바라보는 일을 가능케 만든다. 타자의 시선으로 자기 자신을 바라보는 일은 '나'를 타자로 보기, 그리고 그렇게 타자화되고 대상화된 것에

의해 응시'되기'의 전회를 모두 포괄한다.

시-이미지의 재현적 성격은 '나'를 파열시킨다. 그와 같은 경험은 조각난 채로 자신을 그저 내버려두는 것이 아니라 타자의 시선으로 자기 자신을 보는 '나'에 대한 개념적 재구성으로 이어진다. 그런 까닭에 이미지로서 '나'를 거듭한다는 것은 "나의 것이 아닌 역사 속에 나를 위치시키고 나의 것이 아닌 생각과 감정을 모방함으로써 타자가 되는 일"[1]이다. 그렇다고 할 때 그 이미지화라는 것, 거듭된 '나'에 대한 모방, 타자로서 자신을 보고 타자의 시선으로 다시 자기 자신을 보는 것은 구체적으로 어떻게 가능한가?

실험실적 이미지: 내면의 물질화

시적 재현은 '나'를 '대상'으로 파악하는 일로부터 시작된다. 이때 '나'와 분리된 '나'는 불가해한 존재로서의 타자다. 여한솔의 시는 '나-대상-이미지'를 과학자적인 시선으로 전개하며 이미지화의 첫 단계에 착수한다. 초반부에 위치한 시 「박사의 사랑」은 ''나'를 어떻게 대상화할 것인가' 라는 질문에 과학자의 시선으로 유기적인 것을 물질화하

1) 이솔, 『이미지란 무엇인가』(민음사, 2023), 9쪽.

겠다는 응답으로서 그 포문을 연다.

이 시에 따르면 "박사는 기체에 홀리고 말았"다고 진술된다. 뒤따르는 문장에서 "마음이 기체 안에 있"다는 표현을 고려하면, 박사를 홀린 "기체"란 곧 "마음"이다. 즉, 박사는 마음에 홀리고 말았고, 아마 "기체"를 분석하는 일이란 궁극적으로는 "마음"을 헤아리는 일의 다른 표현으로 읽힌다. 그러나 엄밀한 의미에서 박사가 '마음'을 헤아린다고 말하는 것은 적절하지 못하다. 마음을 모사한 이미지인 '기체'는 무형무색하고, 다른 형질로 변화할 수 있다는 원본에 인접한 성질에 따라 선택된 재현물일 것이나, 완전히 포개질 수 없는 차이를 지닌 '다른' 재현물이다. 박사는 기체(화된 마음)을 탐구하고 실험한다. 이때 마음은 한껏 대상화된다. 마음을 기체적 속성을 가진 것으로 이미지화함으로써 마음은 마음이라는 원형적 이미지로부터 벗어난다. 마음은 마음이라는 성질을 완전히 상실하지는 않지만 조금 다른 것으로 상상된다.

이와 같은 이미지화의 방식을 실험실적 이미지라고 명명해 보자. 그런데 이 실험실적 이미지는 단순히 하나의 재현적 특징에 머물지 않고 과감하게 인식론적 전환을 도모한다. 우리는 종종 화자인 '나'의 내면을 헤아리는 것이 곧 시를 읽는 행위 그 자체라고 여긴다. 그런 까닭에선지 내면을 대상화하는 것을 좀처럼 허용하지 않는다. 게다가 우리는 자신의 '자아'가 사물화되는 것을 원치 않는다. 타자화되지 않고, 자기 자신의 인지적 능력을 통해 외부를 파악하고 통제할 수 있는 '주체성'이 자아의 한가운데 놓여 있기를 갈망한다. 그러한 속성을 지닌 자신을 상상할 때 비로소 우리는 우리 자신이 규격화되지 않은 생생하고 유동적이고 깊이 있는 내면을 지닌 존재일 수 있다고 믿는다. 한데 사물화된 자아에 대한 이와 같은 거부감은 오히려 자아가 언제나 시선의 주체가 되기를 원한다는 사실을 보여 준다. 즉 이와 같은 관념은 주체성을 가진 존재가 되기 위해서는 시선의 통제 권한이 필요하다고 여기는 인식의 반영이다. 우리는 시선의 주체로서 자아에게 권위를 부여해 왔고, 그것의 권능과 자아의 구성 자체를 때때로 혼동하는 것 같다. 그런 탓에 우리는 사물을 '보는' 자리에는 기꺼이 임하되, 다른 무엇에 의해 '비춰지는 대상'이 되려고 하지 않는다.

그러나 시는 이와 같은 견고한 인식론적 체계에 질문을 던지는 형식이다. 그런 이유로 여한솔이 보여 주는 자아 혹은 내면의 이미지화는 가히 도전적인데, 이 시집 속 '대상화'란 얼마간 위반성을 지니기 때문이다. 앞선 시를 떠올릴 때, 여한솔의 시에서 마음은 내면이 소멸한 물질로서만 존재하며, 철저히 대상으로 이야기된다. '마음'이 '기체'가 된다는 것은 가볍거나 무겁다는 속성을 공유하는 비유가 아니라, 직관적인 변화의 결과로 읽을 필요가 있다.

이와 같은 주장을 보충하듯 시는 박사의 실험실에 배

치된 실험과 탐구의 대상으로서 내면/자아/마음의 조각들을 대상화/물질화하는 일에 적극적인데, 다음의 시에서 그 작업이 이어진다.

그 애의 작은 뇌가 담긴 유리병을 깨트리는 것// 설산에 묻힌 연구소의 일조량// 열린 문틈으로 도망치는// 작은 뇌를// 어쩌지// 수첩 안에는 낯선 광물과 불 이야기가 있다/ 까맣게 타들어 가는 눈앞으로 내일이 올 수 없을 거예요/ 마음의 조흔과 …… 결정을 기록합니다// 잠 속에서 자유로운 일을 썼다 지웠다/ 착실한 자세로 죽은 사람처럼 문장에 밑줄을 긋다가/ 검은 숲을 걷기도 했다// 전시실 안에 네가 있을 것 같아/ 아름다워서/ 진화해서// 야광 물질은 외로운 생각에서 발견되었대/ 밤에 날리는 눈처럼/ 조용하고 눈부시게 울기만 했다// 차가운 금속 위에 받아 적는 동안/ 구덩이로 던지는 상상을 멈출 수 없다/ (무엇을?)/ 이를테면 나쁜 생각// 사각 유리판에 놓인 표본은 하나이고// . // . // 그 애의 실험실이 불에 타면 좋겠다// (……) // 마그마/ 가끔은 아무것도 아닌 물질처럼 네 속으로 들어가/ 잠들고 싶었다// 걸었다// 벽에 성냥을 그어 가며 연구소의 긴 복도를 걸었다/ 계단에 걸린 뇌 그림 한 점을 갖고 싶다/ 지옥이 이렇게 아름다울 수 있나// 까맣게 타들어 가는 눈앞으로 내일이 올 수 없을 거예요/ 표본을 끌어안는 나를 살게 하세요// 나쁜 생각을 지우는 설산에서/ 모두를 얼어붙게 만드

> 는 소원을 빌면서// 상상하고 있었다// 도망치게 열어 둔 문과/ 광물처럼 빛나는 뇌를
>
> —「겨울의 자그마한 불구경」 부분

「박사의 사랑」에 연속해 읽히는 이 시에서도 여전히 박사의 관점이 삶, 타인, 내면과 같은 추상적 요소들을 실험과 탐구의 표본으로 전환하는 상황이 일어난다. 이 시에서 언급되는 "실험실"은 각자의 내면 세계로 보이며, 이 안에서는 '나'라고 하는 하나의 재료와 '타인의 삶'이라고 하는 하나의 물질이 탐구와 분석의 대상이 된다. 타인 역시 '나'를 그와 같은 실험 대상으로 놓고 자신의 내면-실험실에서 분석하고 분해할 것이다. 우리는 타인의 "실험실", 즉 내면에 함부로 침투할 수 없지만 관계 맺음이란 상호침투성에 근거하므로 때때로 그 금기를 위반("그 애의 실험실이 불타면 좋겠다")하고 실험실에 침입하기도 한다. 우리는 스스로 꾸려 놓은 공간을 기꺼이 불태우고 버려야만, 다시 말해 우리 자신을 설명한다고 믿는 틀을 버려야만 타자와 만날 수 있다.

그런데 이 "실험실"(시의 다른 표현에 따르면 "연구소")은 실존적 위험에 처한 것 같다. "실험실"의 주인이 실험실의 규범을 지킬 생각이 없어 보이는 탓이다. "그 애의 작은 뇌가 담긴 유리병"은 표면적으로만 보자면 과학실을 상상했을 때 익히 떠올릴 법한, 철저히 신체-대상으로 환원되

는 생물학적 표본일 뿐이지만, "그 애의 작은 뇌"라는 맥락을 부여함으로써 물질에 대해 애착의 역사를 만들어 낸다. 실험실의 '표본'을 물질로 이해하지 않고 인격적 맥락을 부여하는 일은 실험실의 윤리에 위반된다. 표본은 객관적으로 다루어져야 한다는 사실이 위반되는 것이다. 표본을 '표본'으로 기능하도록 두지 않고, 실험 대상들에 하나하나 애정 어린 시선을 가하는 이 고백을 어떻게 받아들이면 좋을까? 박사는 실험실의 표본을 사랑한다. "마음"을 기껏 물질로서 표본화했지만("마음의 조흔")…… 그것을 사랑해 버리는 위반을 행사하는 것. 여한솔의 실험실에서는 마음을 물질화하는 것에서 더 나아가, 그러면서도 그것을 물질 그 자체로 내버려두지 못하는, 위반의 실험이 진행되는 중이다.

실험 결과 보고 1: '다른 이'의 시선을 빌린다는 것

여한솔의 시는 마음과 내면의 소유자이자 그것을 바라보는 관람자로서 자아/주체가 지닌 권위를 스스로 해체하고, 나아가 사물화된 자신의 일부에 주관적 해석을 더함으로써 '객관적 시각'으로 대상물을 '바라보는(대상물로 상정하는 시선)' 방식만으로는 주체가 될 수 없음을 실험한다. 그러므로 여한솔의 '시'라는 하나의 실험실은 주체에게 부여된 지위를 탈권력화하려는 의지가 횡행하는 '실험' 공간이다. 그곳에서는 구체적으로 어떤 위반의 결과가 발생했는가? 시선의 전환이 내면에 대한 어떤 다른 사고를 가능하게 만들었는가?

내면을 탐색하여 불균질한 자신의 자아에 이름을 붙이고 독립적으로 움직이게 만드는 것은, 우리가 자아를 이미지화하는 익숙한 방식 중 하나다.[2)] 이 시집에서 또한 그러한 시도가 포착된다. 특이점이 있다면 이름을 붙여 외부화한 여러 층위의 '나'들에 약간씩 다른 시선의 권한을 부여함으로써 대상-표본의 성격을 특수화한다는 것이다.

「희수의 낯」은 '나'를 직접적으로 등장시켜 '나-희수'로

2) '이미지'에 대한 철학적 고찰의 흐름을 탐구하는 『이미지란 무엇인가』에 따르면, 이미지는 실재계(플라톤) 또는 사유(칸트)의 하위로 여겨졌지만, 사르트르의 실존주의 철학에 이르러 격상한다. "상상 의식의 핵심적 속성으로 거론된 부정성은 이제 자신에 대한 의식의 항구적인 불일치"를 뜻하며, 사르트르는 "자기 자신과의 관계 속에서 늘 자신으로부터 이탈할 수밖에 없는 인간의 본성"인 '대자'의 개념을 통해 '존재함'의 상태를 설명하고자 한다. 이때 '상상된 것'의 핵심은 실재라는 구속으로부터 초월하는 자유의 역량을 지니며, 불일치하고 불안정한 '자기'에 대한 사유 역시 그와 관련되어 있다. 그렇게 볼 때, 자아의 문제를 다루는 많은 시에서 자신을 마치 다른 존재처럼 분리시키고 그를 타인처럼 대하는, 즉 자신의 타자성을 발굴해 내는 작업을 실존주의 관점의 이미지에 대한 이해와 맞붙여 읽는 것이 무리는 아닐 것이다. "한 편의 연극을 바라보듯 스스로를 바라보는 의식에 붙여지는 이름"을 '비정립적 의식'이라는 설명에 비춰볼 때, '나'를 '나'로부터 분리시켜 다른 이름을 붙이는 시적 작업은 바로 이와 같은 구체적 상상이 개진된 결과인 셈이다. (이상의 내용은 위의 책, 109~110쪽 참조.)

추정되는 화자가 여름의 한길을 걸으며 불행을 관통하는 일에 대해 말하는데("불행은 안에서 밖으로 달아나는 순간일까/ 밖에서 안으로 파고드는 것일까"), 이는 희수라는 이름에 의탁해 불행을 견디는 자아의 한 부분을 분리한 것처럼 보인다. 한편 「성경의 고백」에서 '성경'은 '나'가 아니라 관찰 대상으로 등장한다. 그러나 이때 성경은 외부뿐만 아니라 그의 내부적 관념 또한 관찰당한다("이런 순간을 살았대요, 성경이가요,/ 성경은 큰 손을 꼭 쥐고 사랑한다 사랑한다 말하고 아무것도 기억나지 않던 날을 떠올렸다"). 희수는 '나'라는 관점으로, 성경은 '성경'으로서 외부와 내부가 모두 관찰된다는 점에서 둘은 모두 보다 초월적인 자아인 '나'의 일부로 읽힌다. 단, '성경'에게 의탁된 내면은 '나-희수'로 동일시된 시선에서 더 나아가 내면을 관찰할 수 있는 대상 즉 조금 더 객관화된 표본이며, (아마도 '박사'일) 숨겨진 관찰자는 관찰의 결과로 "성경의 상태로 믿음과 모순과 시무룩한 상념"을 우리에게 보여 준다.

'희수', '성경'으로 고유명사화된 각각의 표본에 대한 실험 보고서는 일차적으로 자신에 대한 대상화/외부화를 시도하면서도 그들의 내면을 점유함으로써 객관화된 시선을 유지하지 않는다. 즉 자기 자신에게 다른 이름을 붙이는 이 작업은 자신을 객관화하기 위함이 아니라, 더욱 주관화하기 위함처럼 보인다. 각각의 자아-표본을 (괴로워하거나 사랑을 촉구하는) 구체적인 상황에 집어넣고 그들이 어떤 문제를 마주할 때 어떠한 감정에 흠뻑 잠기도록 두고, 그러한 표본을 위로하거나 헤아리려고 하는 지극한 주관성을 실험하는 것이다.

이와 같은 형식의 구조를 노출하는 시가 바로 「얇은 유리로 덮어 둔 편지」다.

마지막 장은 비어 있구나/ 그런 걸 넌 기뻐했다// 드넓은 물을 보면 뛰어들고 싶던 마음을/ 나는 이해하려고 했어/ 돌고래의 심장과 청새치의 자유로운 탄력/ 그런 걸 쥐고 너는 일기를 썼으니까/ 네가 쓴 글을 보면 즐거워서 자명종도 벽으로 던졌다/ 쏟아지는 스프링과 나사들,/ 스프링과 나사들/ 은빛 바다처럼 빛나는 방도 있었어// (……) // 여름밤의 폭죽 아래서/ 너는 너를 터트리고 싶어했고/ 차라리 체조와 달리기를 했으면 좋겠지만/ 아무래도 그것은 성에 차지 않는다// 다포리를 거닐며 아니 돌해변에 누우며/ 올려다본 곳에 호텔이 있고/ 호텔의 사람들은 너를 잠시/ 구경하고 있었다/ 그들이 손끝으로 너를 툭 치면/ 너는 파도로 스르륵/ 달라붙던 소금 결정 녹는 바닷물/ 솨아아아아아/ 사실 그 호텔은 사람이 오지 않는 외딴 호텔이야/ (……) / 객실 일부엔 사람이 있었지만/ 아무도 창밖을 구경하지 않았다/ 얼룩지고 더러운 창문/ 너를 내려다보던 것은 네가 쓰던 아름다운 상상// 지금도 너는 아무런 일기를 쓰지 못할 때면/ 창문을 열고/ 가만히 너를 보게 할 것이라고// (……) // 나는 액자를 걸면서 생각했다.

—「얇은 유리로 덮어 둔 편지」 부분

이 시에서 '너'와 '나'는 잘 구분되지 않는다. '나'는 자신의 한 부분 혹은 특정한 감정을 경험하는 '나'를 '너'라고 호명함으로써 분리된 대상-존재로 두고 그를 헤아리려고 한다. '너'의 기쁨이 곧 '나'가 기쁨을 헤아리기 위한 분리된 상상의 구조물 — '나'의 기쁨에 대한 대상-이미지화 — 이라면, 이 시에서의 작업은 '나'가 결코 완전하게 장악하지 못하는 자기의 일부를 외부화한 '나'로 드러난다. 이는 '나'에 대한 이해에서 시작된 외부화지만 그것이 결코 원래의 '나'로 되돌아오거나 종속되지는 않을 거라는 실험의 결과이기도 하다. 타인의 이름으로 명명된 시적 자아의 외부적 형상화는 궁극적으로 '나'의 시선 아래 놓인 그러나 다른 '나'들의 이야기가 되기에, '나'가 한 번 외부적 이미지로 변환된 순간 통합된 '원본-나'로의 회귀는 더 이상 긴요한 문제가 되지 않는다. 그보다는 오히려 '나' 아래에 통합되지 않는 수만 갈래의 '나-너'에 대한 상반된(불가해한) 이해의 과정들이 더 중요하다. 가령 기쁨을 헤아리고 싶으면서도 '너'를 "터뜨리고 싶어" 하는 마음은 자신을 대상화하여 분리된 방식으로 볼 때 발생하는 자아 (비-)보존의 욕망을 드러내는 다른 표현이다.

이때 '나'는 자신을 '너'로 호명하여 마치 구체적으로 타자의 모습을 한 대상과 이야기하고 있는 듯한 시적 구조를 '너'에게 알려 준다. 인용한 시구에 따르면 호텔 창 너머로 '너'가 관찰당하는 중임을 '나'는 넌지시 발설한다. 관찰되는 '너'는 자신이 이와 같은 방식으로 대상화되고 있음을 인지할 것이다. '너'는 단순히 시선의 객체가 아니라 그것을 말해 주는 '나'이기도 하기 때문이다. 즉, '너'는 관찰 대상이자 자신을 관찰하는 구조를 '나'와 함께 바라보는 시선의 주체라는 이중적 위치에 놓여 있다. 이와 같은 겹 시선은 '누가 주체의 자리를 점하고 있는가'를 결정하기 위한 구조적 장치가 아니다. 시선의 주체성은 객체 혹은 대상으로 상정된 자에게 주어질 수 있으며 주체와 객체의 자리는 영구하게 보전되지 않는다. 우리는 우리 자신을 객체화하는 방식 위에서, 바로 그 객체의 시선으로 시선의 주체를 바라봄으로써 '주체적 객체화'라는 역설을 수행한다. 이것이 박사의 실험실에서 벌어지는 대상-표본을 통한 실험의 결과 보고다.

실험 결과 보고 2: 표본의 시선에 포착되기

그런 까닭에 여한솔의 시가 줄곧 제시하는 전시되고 진열되는 '나', 즉 '나'의 대상화는 다른 관점으로 사물을 보는 행위로 확장된다. 여기서 '사물'은 '나'에서 파생된 물질로, 점차 넓어지고 열어지는 자아에 대한 개념적 경험을 가능하게 하는 매개물이다. 「요가 강습」은 이러한 '사물화'의 체험을 구체적으로 보여 준다.

> 무릎의 느낌을 기억해. 눈물 받아내던 그것에 속죄하는 말과 행동을 적어 내렸고 서러운 마음으로 구부려 빌어 봤어 (……) 나는 자연 되기를 원해 모양을 갖기 위해 둥근 자세를 연습했는데 그게 무엇인지 기억이 안 나 바위 같았어 희고 두꺼운 뼈를 꺼내 다른 모양으로 이어 붙이고 싶어 나는 왜 이 모양이지 형태를 깨트리고 귀여운 강아지가 될 순 없을까 (……) // 쪼개지는 어둠// 보이니 암벽 안엔 조각 없는 내가 들어 있다// (……) 돌 밖으로 나가는 사람들이 구체적인 자세로 살아난 조각상이// 나쁜 도시에서 사랑 당하는 중이었다
>
> —「요가 강습」 부분

어딘가에서 요가 강습을 받고 있는 듯한 '나'는 수련의 어느 단계에서 자신을 분리하기 시작한다. 자신을 육체 한 부분의 움직임으로 분리해 감각하고, 특정한 신체의 부분을 온전히 통제하지 못한다. 이러한 경험은 자기 통제 범위 바깥에 자신이 있을지도 모른다는 의구심에 합리성을 불어넣고, 나아가 주어진 자신에 만족하지 못함으로써 자기 자신을 구체적인 대상/물질로 치환하는 데까지 이른

다("나는 왜 이 모양이지 형태를 깨트리고 귀여운 강아지가 될 순 없을까").

자신을 분리시키는 이와 같은 '나'의 해체적 인식은 자신을 합일된 자아 의식에서 떨어뜨리는 데서 멈추지 않는다. 원래의 '나'로부터 떨어져 나간 조각 또한 나의 일부라는 점을 주지하며, 그것의 관점으로 시선-주체와 시선-대상의 역전 가능성을 보는 데까지 시는 나아간다. 시의 말미에서 "조각상"이 "나쁜 도시에서 사랑 당하는 중"이라는 표현은 이를 보여 준다. "암벽 안엔 조각 없는 내가 들어 있다"는 시구를 참고할 때, 어쩌면 갑작스레 등장한 "조각상"은 요가를 하던 '나'가 분열적으로 감각한 '나'의 분리된 형태인 것 같다. 그것의 시선을 일인칭으로 전환하기 이전에, 그 객관화된 자기 자신의 존재 형식에 대해 화자는 "사랑 당한다"고 표현했다. 우리는 무언가가 사랑을 '받는다'(사랑의 '대상'으로 간주한다)고 생각하지만, 받는 이의 관점으로 이 행위를 전환할 때, 그것은 사물화된 어떤 것이 그렇게 하기를 요구받는다는 의미에서 '사랑 당한다'고 표현될 수 있다. 객관화된 주관성을 가지는 것이다.

> 문이 차가워/ 단 하나의 입구// 나는 그들이 좋다/ 두꺼운 금속 문이 열리면 사랑을 떠나온 관광객들// 물을 뿜는 하트 모양 분수대가 있는 뒤뜰엔/ 매실이 굴러다닌다/ 자유롭게 놀아도 되는 곳/ (……) / 뜰의 분수대 위로 자주 눈이

내렸다/ 희고 시리게 쌓여 갔다/ 차가운 비가 내리기도 하고/ 이것이 녹고 마르는 것을 보는 동안 알 수 있었다/ 내게 없는 힘// (……) // 실내에서 실내로 여러 번 들어서는 내부가 있다/ 건물은 거대하니까 몸 안에 맴도는 믿음처럼 안쪽으로 가야 하니까/ 열거나 닫으며 공간을 이루고/ 문의 역할을 이해하면 갇힐 수 있다/ 가둘 수 있다/ 방울뱀이나 부드러운 올리브나무 흰 바다까지도/ 객실의 오래된 기능이다// (……) // 나는 그들에게 보여 주는 것이다/ 차가운 문이 있는 곳에서/ 야외의 조형과 문 안쪽의 부드러운 야생을// (……) // 순환하는 물체가 모인 광경 속/ 백 개의 방이 세워지고 무너지는 순간들

—「사랑도 없이 특급호텔」 부분

「사랑도 없이 특급호텔」을 이어 읽을 때, 대상-사물의 시선은 '나'를 주어로 발화함에 따라 더욱 적극적으로 드러난다. 이 시에서 언급되는 '나'는 무엇인가? "관광객"들을 바라보고 있고, 시의 제목이 알려 주듯 특급호텔 어딘가에 놓인, 어쩌면 조각상 같은 것일 수도 있겠다. '나'는 일반적으로 사람들에 의해 관찰되는 위치에 놓이지만, '나'를 시선의 주체로 삼는 이 시에서는 '나'를 보는 그들이야말로 관찰의 대상이 된다. 시선에 걸리는 것은 움직이지 않는 나-대상물 이외의 모든 것이다. 그것이 놓여 있는 장소, 그곳에 드나드는 사람, 눈이나 비, 자연물과 같은 모

든 것이 시선의 대상으로 자리한다.

객체의 시선으로 본다는 것은 그것을 객체화하는 모든 풍경을 다시 객체화하는 것을 의미하지만, 그렇다고 시선이 부여된 객체가 그 자신을 규정하는 주체로 쉬이 전환됨을 뜻하지는 않는다. '나'는 여전히 움직이지 않는다. 그것은 여전히 대상이다. 대상의 시선으로 자신을 대상으로 여기는 이들을 단지 바라봄으로써 풍경으로 만드는 것. 이것은 시선의 위력을 전도시키는 일이라고 말할 수는 없다. 무언가가 주체의 시선을 지닐 때 취득하는 '주체성'이란 움직임 또는 시선 위계의 여부에서가 아니라 그것이 놓인 상황적 조건을 수락하고 그 상황 속에서의 관점을 상상해 봄으로써 겨우 포착된다. 객체의 시선을 빌려 주체성을 체험한다는 것은 그런 것이다. 어쩌면 우리는 '주체는 보고 대상은 관찰된다'는 시선 위계의 도식 속에서 우리 자신의 능동성을 확인해 왔을지도 모른다. 그러나 "문의 역할"을 이해하면 가둘 수도, 갇힐 '수도' 있는 것과 같이, 시선의 성질을 이해하면 시선을 가진 자와 시선을 받는 자를 주체의 규범 밖에서 전도할 수 있다.

사랑할 수 있음이 기대됨

여한솔의 시에서 자신을 진열함으로써 '나'에 대해 말한다는 것은, 객체로 위치하면서도 시선의 주체성을 발휘할 수 있다는 의미다. 진열된 것의 시선으로 본다는 이 시의 이미지화의 방식은 그러므로 세상을 이해하고 재현하는 관념에 대한 '코드'이기도 하다. 그렇다면 그 '코드'화의 목적은 과연 무엇인가. 한 권의 실험 보고서를 시작한 동기이자 기대 효과를 다음의 시를 통해 헤아려 본다.

(:::]:♡:[:::)

이것을 나누어 줄 것입니다
사랑해-라고 말할 수 있는 코드를 만들었으니까요

차가운 손으로 연필을 깎습니다
기억에는 방향이 많아서 적막은 쉽게 옵니다

선생님은 나를 가르칠 때 사랑은 셀 수 없는 명사라고 했습니다 나는 머리가 나빴으니까 그런 말은 믿지 않고 수업 내내 핸드폰만 만지작거립니다 사랑은 셀 수 없다고 가르치셨는데요 선생님, 제가 가진 사랑의 분량은 티가 나고 있어요

수업이 끝나면 거리를 걸어야 합니다
사람들의 머리 위로 하트가 떠다닙니다

짧은 정원을 지나칩니다
인터넷에서만 본 나무가 친구네 뒤뜰에 있습니다

그것에 다가가 매달려 보았습니다
아무것도 되지 못합니다

지루하고 쓸쓸한 것에 대해 말해 줄 수 있어야 합니다
진열된 마음을 들여다 보세요
은은한 조개껍데기나 도자기의 검은 구멍처럼 작은

기계라는 것은 마음을 읽어 냅니다
나를 서류처럼 쌓아 올리면서요
로봇 물고기는 호수 대신 바닥을 헤집고 수영을 하면서
입속의 구조를 열어 줍니다
나는 열려요

즐겨찾기, 하고 생각하면
문고리가 돌아가고 철컥 여닫는 소리가 납니다
아이스크림 가게나 과학실에 닿게 합니다

여러 개의 눈을 보고 있어요
알고리즘은 복잡하고 힘이 셉니다

어떤 정원이나 인터넷은 길을 잃기 쉽지만
배롱나무 이파리처럼 내려앉는 사랑이란 단어는
셀 수 있어요
거기에 누군가 있습니다
나는 그냥 믿고 있는 것입니다

—「나의 인터넷 친구」

시적인 방식의 재현은 대상과 같은 수준의 모사를 추구하지 않고, 재현된 이미지에 새로운 해석을 계속해서 덧붙여 원본과 멀어지는 것이라고 앞서 말한 바 있다. 그런 의미에서 첫 행의 밴드 모양 "코드"는 이 시의 관점으로 재현된, 우리 자신을 이해하는 일을 보여 주는 이미지-형식이다. 화자는 이 "코드"를 사랑이라는 말로 풀어 쓴다. 자신이 "가진 사랑의 분량은 티가 나"고, 그 한정된 것을 이 시의 화자는 어떻게든 나누려는 것 같다. 자기 자신을 해부하여 쓸쓸함을 꺼내 진열하거나("진열된 마음을 들여다 보세요") "나를 서류처럼 쌓아 올"리며 '나'를 읽어 내거나 열어 내는("나는 열려요") 여러 변환의 방식으로 '나'는 '나'들로 확장된다. 그렇게 하는 까닭은 다름 아닌 한정된 사랑을 여럿의 '나'의 마음에 깃들게 하기 위함이다.

이때 나눔은 '내'가 누군가에게 나눠 주는 것이 아니라 사랑이 있는 곳에 "누군가" 있게끔 만드는 방식으로 가능하다고 서술된다. 사랑의 마음을 가진 자신을 객체화하여 꺼내 놓았을 때, 그것의 주체성이란 능동적 움직임을 움켜쥔 채가 아니라 지극히 피동적인 형태로 만연하다.[3] 어디에나 '있음'의 형태를 취하면서 말이다. 그러므로 셀 수 있는 사랑이 있는 곳, "배롱나무 이파리처럼 내려앉는 사랑"의 그 아래에 누군가 있다고 말한다. 이 시적 환원의 작업에는 그렇게 될 수 있다는 믿음의 실천 외에 다른 '합리적인' 이유가 더는 필요 없다. 피동형 주체성은 객관화된 대상물의 시선을 빌림으로써 확인할 수 있고, 그것은 이미 나로부터 사랑 당하는 무엇이 이미 그 자리에 놓여 있음을 확인하는 일과 같다. 그래서 "나는 그냥 믿고 있는 것"이다. 셀 수 있는 사랑이 거기에 있고, 그것이 어딘가에 닿을 것임을.

나를 꺼내어 '너'와 같은 외부적 존재로 감각하고 난 뒤에야 우리는 자신과 같이 남을 사랑할 수 있다. 그것은 우

3) 앞선 각주에서 시에서 '나'를 대상-이미지화하여 분리해 내는 작업이 실존주의 관점에서 '이미지'를 이해하는 방식과 면을 맞대고 있다고 설명한 바 있다. 실존주의에서 '이미지'는 실재에 뒤떨어지는 열등한 의식이 아니라 "대상을 지향"한다. 그에 따르면 "주관은 지각적 대상 특유의 사물성과 마주할 때 수동적인 상태에 놓이는 것과 달리, 상상적 대상을 겨냥할 때 온전한 자발성 속에 있다"고 설명된다. 이와 같은 철학적 관점을 빌리건대 여한솔의 시에서 발견되는 피동적 능동성 즉 사물화된 대상의 시선으로 보기(상상하기)의 작업은 우리가 무언가를 이미지화하고, 이미지화된 것의 시선으로 보는 상상을 지속함으로써 우리 자신이 존속하고 있음을 말한다. (이상의 인용은 위의 책, 114쪽 참조.)

리가 흔히 주체성이라고 오해하는, 능동성이나 움직임과는 전혀 다른 상태로 실천되기도 한다. 자연이 이미 거기에 있듯 우리의 사랑도 어디에나 있고 누구나 그것을 곁에 두고 있다는 사실의 새삼스러운 환기는, 우리가 그와 같은 방식으로 사랑하고 사랑 당하는 존재로 있음을 '그냥 믿는 것'으로 확인된다. 우리가 자신을 남과 같이 사랑하고, 남을 자신과 같이 사랑한다는 것은 이런 것은 아닐까. 진열된 것의 마음을 읽기, 그것의 사랑-당함 가까이에 가는 식으로.

지은이 여한솔
1994년 대전에서 태어났다. 단국대학교 문예창작과를 졸업했다.
2021년《매일신문》신춘문예에「야간 산행」이 당선되며 작품
활동을 시작했다.

나의 인터넷 친구

1판 1쇄 펴냄 2025년 4월 25일
1판 2쇄 펴냄 2025년 7월 15일

지은이 여한솔
발행인 박근섭, 박상준
펴낸곳 (주)민음사

출판등록 1966. 5. 19. (제16-490호)
서울특별시 강남구 도산대로1길 62(신사동)
강남출판문화센터 5층 (06027)
대표전화 02-515-2000 / 팩시밀리 02-515-2007
www.minumsa.com

ISBN 978-89-374-0951-6 (04810)
978-89-374-0802-1 (세트)

* 이 책은 서울문화재단 '2023년 첫 책 발간 지원사업'의 지원을 받아
발간되었습니다.
* 잘못 만들어진 책은 구입처에서 교환해 드립니다.

민음의 시
목록

256 **사람을 사랑해도 될까** 손미
257 **사과 얼마예요** 조정인
258 **눈 속의 구조대** 장정일
259 **아무는 밤** 김안
260 **사랑과 교육** 송승언
261 **밤이 계속될 거야** 신동옥
262 **간절함** 신달자
263 **양방향** 김유림
264 **어디서부터 오는 비인가요** 윤의섭
265 **나를 참으면 다만 내가 되는 걸까** 김성대
266 **이해할 차례이다** 권박
267 **7초간의 포옹** 신현림
268 **밤과 꿈의 뉘앙스** 박은정
269 **디자인하우스 센텐스** 함기석
270 **진짜 같은 마음** 이서하
271 **숲의 소실점을 향해** 양안다
272 **아가씨와 빵** 심민아
273 **한 사람의 불확실** 오은경
274 **우리의 초능력은 우는 일이 전부라고 생각해** 윤종욱
275 **작가의 탄생** 유진목
276 **방금 기이한 새소리를 들었다** 김지녀
277 **감히 슬프지 않을 수 있겠습니까?** 여태천
278 **내 몸을 입으시겠어요?** 조명
279 **그 웃음을 나도 좋아해** 이기리
280 **중세를 적다** 홍일표
281 **우리가 동시에 여기 있다는 소문** 김미령
282 **써칭 포 캔디맨** 송기영
283 **재와 사랑의 미래** 김연덕
284 **완벽한 개업 축하 시** 강보원
285 **백지에게** 김언
286 **재의 얼굴로 지나가다** 오정국
287 **커다란 하양으로** 강정
288 **여름 상설 공연** 박은지
289 **좋아하는 것들을 죽여 가면서** 임정민
290 **줄무늬 비닐 커튼** 채호기
291 **영원 아래서 잠시** 이기철
292 **다만 보라를 듣다** 강기원
293 **라흐 뒤 프루콩 드 네주 말하자면 눈송이의 예술** 박정대
294 **나랑 하고 시픈게 뭐에여?** 최재원
295 **해바라기밭의 리토르넬로** 최문자
296 **꿈을 꾸지 않기로 했고 그렇게 되었다** 권민경
297 **이건 우리만의 비밀이지?** 강지혜
298 **몸과 마음을 산뜻하게** 정재율
299 **오늘은 좀 추운 사랑도 좋아** 문정희
300 **눈 내리는 체육관** 조혜은
301 **가벼운 선물** 조해주
302 **자막과 입을 맞추는 영혼** 김준현
303 **당신은 오늘도 커다랗게 입을 찢으며 웃고 있습니까** 신성희
304 **소공포** 배시은
305 **월드** 김종연
306 **돌을 쥐려는 사람에게** 김석영
307 **빛의 체인** 전수오
308 **당신의 세계는 아직도 바다와 빗소리와 작약을 취급하는지** 김경미
309 **검은 머리 짐승 사전** 신이인
310 **세컨드핸드** 조용우
311 **전쟁과 평화가 있는 내 부엌** 신달자
312 **조금 전의 심장** 홍일표
313 **여름 가고 여름** 채인숙
314 **다들 모였다고 하지만 내가 없잖아** 허주영
315 **조금 진전 있음** 이서하
316 **장송행진곡** 김현
317 **얼룩말 상자** 배진우
318 **아기 늑대와 걸어가기** 이지아
319 **정신머리** 박참새
320 **개구리극장** 마윤지
321 **펜 소스** 임정민
322 **이 시는 누워 있고 일어날 생각을 안 한다** 임지은
323 **미래슈퍼 옆 환상가게** 강은교
324 **개와 늑대와 도플갱어 숲** 임원묵
325 **백합의 지옥** 최재원
326 **물보라** 박지일
327 **기대 없는 토요일** 윤지양
328 **종종** 임경섭
329 **검은 양 세기** 김종연
330 **유물론** 서동욱
331 **나의 인터넷 친구** 여한솔
332 **집 없는 집** 여태천
333 **제너레이션** 김미령
334 **화살기도** 여세실